Feng Shui für Partnerschaft und Liebe

Eckart Warnecke

Feng Shui für Partnerschaft und Liebe

Den Traumpartner finden
Beziehungen beleben und harmonisieren

Mosaik

Auf der Suche nach dem Glück

Wer sich auf den Weg der Erleuchtung begibt, der bedarf der anderen. Will man nämlich zur Erleuchtung gelangen, muß man sich in der überaus wichtigen Praxis von Geduld üben. (Dalai Lama)

Was hält die Liebe jung? Am Anfang stehen Sehnsucht und Verlangen. Später ist es der Wunsch nach einer gemeinsamen Zukunft. Doch das erhoffte Glück ist nicht immer von Dauer. Viel zu rasch legen sich Wolken über die anfängliche Idylle. Scheinbar unvermeidlich drängen Alltagsprobleme in die heile Welt; erkennbar daran, daß zur Zeit über 20% aller Ehen innerhalb der ersten fünf Jahre wieder in die Brüche gehen. Umzüge, Geburten von Kindern und der Bau des eigenen Heimes lassen die Scheidungsrate dabei besonders nach oben schnellen. Nur: Muß das wirklich so sein?

Was tun, wenn wir etwas an unserer Ehe oder Partnerschaft verbessern wollen? Mehrere Möglichkeiten lassen sich denken. Probleme zu verdrängen oder auszuschweigen, wäre bestimmt die schlechteste davon. Sinnvoller wären da schon Gespräche über Unzufriedenheiten mit dem Ziel, die Ursachen dafür abzustellen.

Foto links: Eine dauerhafte und glückliche Zweierbeziehung, aus der eine harmonische Familie erwächst, ist für die meisten von uns immer noch Lebensziel Nummer Eins. Feng Shui hilft dabei, es zu verwirklichen.

Neuere Forschungsergebnisse zu der Frage, warum es in Partnerschaften oft nicht so klappt wie erwünscht, förderten unlängst ein verblüffendes Ergebnis zutage: Probleme zwischen Mann und Frau entwickeln sich fast ausnahmslos aufgrund fehlender oder falsch geführter Kommunikation. Daraus folgt, daß nicht „Fremdgehen", Streit ums Geld oder Vergleichbares zur Trennung führt, sondern die Art, wie sich das Zusammenleben vollzieht, wie miteinander geredet, miteinander umgegangen wird – oder um es in Hinblick auf Feng Shui zu sagen: Es kommt darauf an, daß sich die Energien beider Partner im harmonischen Fluß befinden.

Feng Shui, die chinesische Lehre vom gesunden Leben und Wohnen, vermittelt hier einen für uns Westeuropäer ganz neuen Ansatz. Basierend auf den Prinzipien östlicher Astrologie und Philosophie zeigt uns Feng Shui, wie es mit Hilfe einer wohlüberlegten Wohnraumgestaltung möglich ist, positiv Einfluß auf sämtliche Facetten an Liebesangelegenheiten zu nehmen. Ziel ist dabei die Erschaffung von Lebens-Räumen, die die Grundlage für ein Mehr an intakter Nähe, an Zufriedenheit und Miteinander, an gemeinsamem Glück, Intimität wie auch an Zärtlichkeit und Lust bieten.

Verändern wir etwas im Außen, so wirkt es zurück auf unser Inneres.

Feng Shui lehrt, daß Häuser, Wohnungen und Räume in enger Wechselwirkung sowohl zu seinen Bewohnern wie deren Beziehungen stehen. Und je mehr Sie dies erkennen, um so mehr werden Sie feststellen, welche Möglichkeiten sich daraus für jeden von uns ergeben. Letztlich können wir in unseren Wohnungen so etwas wie das Spiegelbild unserer Seele bzw. unserer Partnerschaft finden.

Eigentlich ist es erstaunlich, wie wenig die meisten Menschen bis heute über die engen Zusammenhänge zwischen der gebauten Umwelt und ihrer Psyche verstehen. In meiner Praxis habe ich über die Jahre immer wieder feststellen müssen, daß sich insbesondere bei Menschen mit einer gestörten Beziehung zu den eigenen Energien das seelische Chaos regelmäßig in den eigenen vier Wänden in Form von Unordnung, Schmutz und einer lieblosen und bisweilen bedrückenden Wohnatmosphäre widergespiegelt finden läßt.

Andererseits ist jedoch auch zu beobachten, daß sich eine günstige Wohnungsgestaltung positiv auf die verschiedenen Lebensziele wie Wohlstand, Freunde, Gesundheit, Partnerschaft, Familie oder Kinder auszuwirken beginnt. Mir selbst drängt sich dabei immer öfters der Satz auf: „Beschreibe mir Deine Wohnung, und ich sage Dir, wer Du bist und was Dich zukünftig erwartet."

Um Feng Shui jedoch im richtigen Sinne anwenden zu können, erfordert es einiges an Intuition und Wissen. Beides werde ich versuchen, im Verlaufe dieses Buches bei Ihnen zu stärken. Dabei möchte ich Ihnen helfen, einen Weg zu finden, der Ihnen zu mehr geistiger Tiefe, Zufriedenheit und letztlich Selbsterkenntnis verhelfen wird.

Das vorliegende Buch wendet sich erstrangig an Paare, die ihr Leben noch besser und intensiver gestalten möchten, und an diejenigen, die eine „erkaltete" Partnerschaft neu beleben wollen, letztlich aber auch an Singles, die auf der Suche nach der Liebe ihres Lebens sind. Für jeden dieser Fälle bietet das Buch

Übung: Der Traum vom immerwährenden Glück

Halten Sie einen Moment inne. Setzen Sie sich mit geschlossenen Augen ruhig hin und besinnen sich auf Ihre Teenagerzeit. Was stand für Sie im Vordergrund, welche Ideale hatten sie? Was machte Ihnen Spaß und Freude, in wen hatten Sie sich womöglich verliebt? Im zweiten Schritt vergegenwärtigen Sie sich nun einmal die aktuelle Situation und vergleichen Sie beides. Machen Sie eine Art Bestandsaufnahme Ihrer Lebensträume.

Im dritten Schritt „erträumen" Sie sich in Form einer mentalen Phantasiereise ganz spontan, wie wohl die optimale Zukunft, die ideale Partnerschaft aussehen könnte. Malen Sie hiervon für sich ein Bild und heben Sie es an einem besonderen Ort gut auf.

Ein Tropfen, der auf eine ruhige Wasseroberfläche trifft – Sinnbild vollendeter Harmonie, die aus dem Innern kommt.

gezielte, abgestimmte Möglichkeiten der Hilfe und Unterstützung an. Dabei verfolgt es insgesamt einen ganzheitlichen Ansatz. Es ist so konzipiert, daß Leser und Leserinnen ohne jegliche weitere Literatur auskommen. Die wesentlichen Grundlagen des Feng Shui in Bezug auf Partnerschaft und Liebe werden erklärt und zwar in einfacher, verständlicher Weise. Des weiteren finden sich im Verlaufe des Textes zahlreiche Beispiele aus dem Alltag, praktische Übungen, leicht erlernbare Schritte sowie eine Reihe von konkreten Erfahrungsberichten. Folglich bietet Ihnen das Buch nicht nur einen leichten und nachvollziehbaren Einstieg in das Gebiet, sondern auch die Möglichkeit, sofort erste Erfahrungen zu sammeln, wobei konkrete Vorschläge in Hinblick auf die eigenen Räume rasch angewendet werden können.

Ich verspreche Ihnen, daß Sie bestimmt Gefallen an den hier vorgestellten Gedanken entwickeln werden. Die gemeinsame Wahrnehmung des eigenen Wesens innerhalb einer Partnerschaft, das Planen von positiven Veränderungen in Haus und Wohnung sowie die konkrete Umsetzung in kleinen, gut aufeinander abgestimmten Schritten wird Ihnen bestimmt eine Reihe von neuen Erkenntnissen über sich und Ihre Beziehungen zu anderen bescheren.

Machen Sie sich nun ans Werk – und zwar in Ihrem Tempo. Und vielleicht wäre es sogar ratsam, das Buch vorab erst einmal als Ganzes zu lesen, ehe Sie sich anschließend mit bestimmten Themen gezielter und eingehender beschäftigen. Aber ganz egal, auf welche Weise Sie vorgehen, Sie werden spielerisch lernen, durch bewußtes Planen, Einrichten und Gestalten den Wohnalltag in eine Oase der Erfüllung und Zufriedenheit zu verwandeln. Ich selbst durfte durch das praktische Ausprobieren mit Hilfe von Feng Shui eine ganze Menge lernen und würde mich freuen, wenn dieses Buch Sie anregen würde, auf Ihrem eigenen wie auch partnerschaftlichen Weg ein gutes Stück weit voranzuschreiten.

Was Sie über Feng Shui wissen sollten

Eine harmonische Umgebung zu schaffen, ist ein Weg hin zu erfolgreicheren Beziehungen. (Sarah Bartlett)

Zwischen einer Wohnung und den darin lebenden Menschen lassen sich schon mit ein wenig Achtsamkeit oft ganz frappierende Parallelen erkennen. Paare, die beispielsweise über Unzufriedenheit im sexuellen Bereich klagen, sollten einmal ihr Schlafzimmer genauer betrachten. Aufgehängte Bilder, Mobiliar aber auch Unordnung oder Gerümpel werden vermutlich zu einer negativen Stimulierung der Räume beigetragen haben, was dann wiederum auf sie zurückwirkt. Behaglichkeit und Wohnatmosphäre können leicht beeinträchtigt werden; zum Beispiel durch vollgestopfte Räume oder den Hang zu klinisch-perfekter Sauberkeit. Das heißt, wir suchen und wünschen etwas Positives, doch handeln wir unwissendlich oft genau entgegengesetzt.

Foto links: Der Mensch greift immer mehr in vormals unberührte Naturlandschaften ein, oftmals ohne sich darüber im klaren zu sein, welche Auswirkungen dies auf seine eigene, eng begrenzte Lebenswelt haben kann. Feng Shui sensibilisiert für das Zusammenwirken von Natur, bebauter Umwelt und menschlischer Psyche.

Was wir gelegentlich in unserem Wohnbereich unterschwellig als negativ oder angenehm erfassen und dennoch nicht selten als nebensächlich beiseite schieben, findet seine Bestätigung in der Lehre des Feng Shui.

Was ist Feng Shui?

Die chinesische Kunst des Feng Shui (wörtlich übersetzt: „Wasser-Wind") hat seinen Ursprung vor etwa 4000 Jahren. Seine tief in die Geschichte zurückreichenden Wurzeln berühren Themen wie Ahnenverehrung, Schamanismus und Taoismus.

Die chinesischen Schriftzeichen für Wind (oben) und Wasser (unten)

Schon lange vor unserer Zeitrechnung studierten chinesische Gelehrte und Philosophen das Zusammenspiel zwischen Bauen, Wohnen, Leben und Gesundheit. Glück und Weisheit zu mehren, stand für sie im Mittelpunkt. Recht früh fand man heraus, wie wichtig es ist, für sich und sein Heim die ideale Position zu bestimmen. Als optimal dabei galt, das Haus nach Süden auszurichten, um die Sonne möglichst gut zu nutzen, dahinter Hügel oder Wälder zu haben, die Schutz geben und zusätzlich über fließendes Wasser zu verfügen, welches die Erde fruchtbar macht und die Luft schwingen läßt.

Über unendlich viele Generationen hinweg entwickelte sich hieraus bis heute eine Art empirische Wissenschaft, die uns lehrt, welche Einflüsse Auswahl und Anordnung der Möbelstücke, Farbkompositionen sowie die Gestaltung der Gebäudeumgebung, des Eingangsbereichs und die Zimmeraufteilung auf Gesundheit, Wohlstand, Glück und Partnerschaft besitzen.

Das Wissen um die Zusammenhänge zwischen Wohnen und Gesundheit differenzierte sich mit der Zeit immer weiter aus, so daß wir heute eine Reihe von Schulen mit zum Teil doch recht unterschiedlichen Zweigen und Schwerpunkten vorfinden. Allen gemeinsam bleibt jedoch das Bestreben, Neubauten so zu planen, zu bauen und einzurichten, daß sie sich in Einklang mit der Natur der Umgebung befinden; dies mit dem Ziel, Wohlstand, gute Beziehungen und familiäre Harmonie zu gewährleisten.

Ch'i – die universale Lebenskraft

Eines der wesentlichsten Elemente im Feng Shui ist das Verständnis für die Wirkmechanismen von Ch'i und Bewußtsein. Unter Ch'i wird eine Kraft verstanden, die Leben erst möglich macht. Sie ist sowohl Ursache als auch Wirkung. Vergleichbar dem deutschen Wort „Lebensatem" findet sich einmal das Ch'i, das die Erde umkreist und so etwas wie ein unsichtbares Energiefeld darstellt, welches abgeben und aufnehmen kann. Eine zweite Form stellt den Ursprung zur Schöpfung her, eine dritte schließlich beseelt sämtliche Formen von Leben auf unserem Planeten, und dazu zählen nicht nur alle belebten Wesen der Schöpfung, die Menschen, Tiere und Pflanzen, sondern auch die angeblich tote Materie, Magmamasse, Steine, Möbelstücke, Baustoffe, Erze, Kunstwerke, wie auch Wind, Wasser und Wolken.

Ohne Ch'i wären wir nur Fleisch und Knochen, unsere Häuser und Wohnungen nur eine Zusammenstellung diverser Baumaterialien. Das Magische, Mystische an Ch'i ist, daß es lenkt und gelenkt werden kann. Es hat die Eigenschaft, sowohl mit realen Bewegungen zu fließen (wenn jemand es z.B. beim Betreten mit in ein Haus trägt) als auch mit Bewußtseinsprozessen. Letzteres geschieht, wenn wir z.B. an etwas denken oder mit Hilfe eines Rituals zukünftiges Geschehen beeinflussen wollen. Das Phänomen Ch'i spielt demzufolge für die Gestaltung und Einrichtung gebauter Räume eine Hauptrolle, da es sich jeweils dorthin bewegen läßt, wohin wir es lenken wollen. Oft folgt es einfach unserer Aufmerksamkeit.

Konkret heißt das: Ausgehend von dem Wunsch nach einer glücklichen Zweierbeziehung setzen wir gemäß Feng Shui bestimmte Zeichen, die von nun an eine unsichtbare Kraft entwickeln. Hierdurch wird das Ch'i durch uns auf diejenigen Zielbereiche gelenkt, die uns vorschweben. Somit bündelt sich die Energie unseres Bewußtseins mit der Kraft der gesetzten Zeichen und regt den Bereich an, den wir aktivieren und damit verbessern wollen.

Jede gebaute Räumlichkeit beeinträchtigt im übrigen das Ch'i des betreffenden Ortes negativ: Einerseits, indem Mutterboden von oben her „versiegelt" wird, und andererseits, indem das natürliche Ch'i durch die Außenmauern vom Inneren der Wohnung ferngehalten wird. Lediglich durch Fensteröffnungen, Ritzen, Lüftungsschächte und Türen kann die natürliche Lebensenergie noch in ein Haus hineingelangen. Aus diesem Grunde setzt sich Feng Shui als Ziel, durch entsprechende Maßnahmen die Energien in Gebäuden anzuheben.

Während in natürlichen Landschaften ein ausgewogenes Maß an Ch'i zu finden ist, sinken Qualität und Menge in Städten und Ortschaften deutlich nach unten. Allerdings tendieren alle Landschaften dazu, sich mit der Zeit wieder auf 100% zu regenerieren. Manchmal lassen sich aber auch Ch'i-Mengen finden, die zum Teil deutlich über das Normalmaß hinausgehen. Stellen wir uns einmal eine von Sonnenstrahlen umrahmte, feuchte Waldlichtung vor. Eine Lichtung mit verschiedensten Blumen und Kräutern – umstanden von gesunden, majestätischen Bäumen. Es duftet, die Vögel zwitschern und irgendwo ist auch ein Bach zu hören. Ein derartig schönes Fleckchen Erde verfügt über sehr gutes Feng Shui. Es besitzt einen Anteil an Ch'i, der weit über dem liegt, was wir normalerweise in der Natur vorfinden. Ähnliches gilt auch für besonders schöne Sonnenuntergänge, für natürlich erhalten gebliebene Bachläufe, Seen und Wasserfälle, für grünes, hügeliges Bergland, für große Bäume, aber auch für Gewitterzonen.

Die Natur kehrt zurück. Die vitale Lebensenergie Ch'i manifestiert sich auch im Umscheinbaren.

Energie-Vampirismus

Nun ist es der Kunst des Bauherren überlassen, durch kenntnisreiche Planung und Ausführung möglichst viel Ch'i in Wohnräumen zuzulassen. Neben einer fein auf Natur und Umgebung abgestimmten Bauweise kommt dabei insbesondere der Anordnung der Räume, Flure, Türen und Fenster eine tragende Rolle zu. Ist ein Gebäude dann erst einmal errichtet, so ist die Grundbasis für die Menge an möglichem Ch'i erstellt. Anschließend haben es die jeweiligen Bewohner in der Hand, ergänzend zu den feststehenden Gegebenheiten, durch positi-

Wenn es der Wohnung an Energie mangelt

Ich erinnere mich an eine Patientin, die vornehmlich wegen Angstattacken in meine Praxis kam. Zusätzlich erzählte Sie über Eheprobleme, die sich seit einem Umzug eingestellt hätten. Bei der Hausbegehung wirkte die Wohnung zwar vordergründig voll Liebe und Geschmack eingerichtet, doch war allein schon beim Einatmen die schlechte Energie der Räume wahrzunehmen. Die Luft hatte etwas Altes, Abgestandenes, Verbrauchtes an sich. Und das, obwohl mehrere Fenster aufgrund des warmen Wetters geöffnet waren.

Bei der weiteren Untersuchung der Wohnung wurden schnell eine Reihe von negativen Einflußfaktoren deutlich: Förderliches Ch'i konnte sich schon aufgrund einer ungünstigen Gestaltung von Eingang und Vorflur kaum entfalten. Hinzu kamen außerdem baulich bedingte Schadquellen wie Styroporplatten an den Wänden, alukaschierte Mineralwolle als Dämmung sowie höchst ungesunde Auslegware. Weiterhin litt die Wohnung unter Elektrosmog und Wasseradern. Und selbst farblich waren derartige Kombinationen gewählt worden, die gemäß der Farblehre des Feng Shui eher abbauende energetische Verhältnisse schufen, als aufbauende.

Das Gesamtenergieniveau der Wohnung war äußerst schlecht. Eine Situation, die dazu führte, daß die Räume das Energiereservoir der darin lebenden Bewohner sozusagen ständig anzapften. Die Bewohner lebten demzufolge in einem Energiedefizit, was zu einem Großteil die Erkrankungen erklärte.

ve Maßnahmen das Energieniveau innerhalb der Räume anzuheben. Da sich bauliche Verhältnisse wie z.B. ungünstig angelegte Fenster so schnell nicht mehr verändern lassen, bietet Feng Shui zu diesem Zweck etliche Hilfsmittel, wie kleine Zimmerbrunnen, energetisierende Pflanzen, Fächer oder auch Poster von Ch'i-intensiven Landschaften an, um diese Mängel zu kompensieren und zu beheben.

Das Phänomen, welches im Fallbeispiel auf S. 17 zum Tragen kam, wird auch als Energie-Vampirismus bezeichnet. Dieser vollzieht sich immer dann, wenn die Umgebung über weniger Lebenskraft verfügt, als die Menschen, die sich vor Ort befinden. Durch Räume mit besonders wenig Ch'i werden die darin wohnenden Menschen regelrecht „angezapft" und energetisch ausgesaugt.

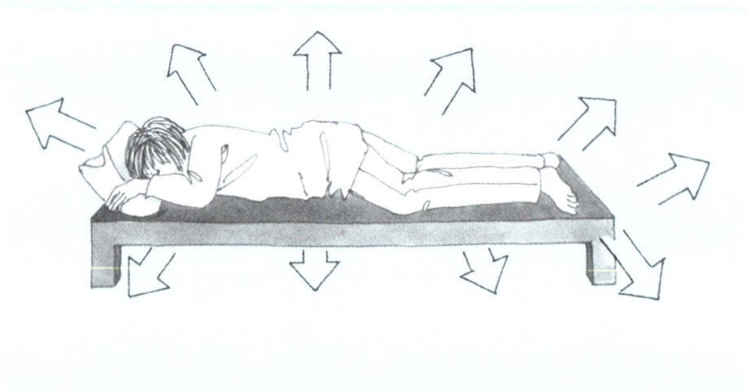

Räume, die über zu wenig Ch'i verfügen, laugen den Menschen energetisch aus. Seine Lebensenergie schwindet.

Die Bewohner nehmen diesen Effekt nur indirekt wahr, indem sie sich beispielsweise überwiegend matt, depressiv-traurig oder antriebslos fühlen, während es gleichzeitig in der Wohnung zu ungewöhnlich viel Streit und Konfliktstoff kommt. Ein anderes Indiz hierfür ist, wenn sich die Bewohner eher ungern und selten in ihrem Zuhause aufhalten und sich morgens trotz acht Stunden Schlaf kaum erholt fühlen.

In derartigen Fällen ist es dringend notwendig, für Abhilfe zu sorgen. Denn nicht nur Krankheiten, sondern auch sexuelle Unlust und nicht selten massive Partnerschaftsprobleme sind die Folge. Um es gar nicht erst so weit kommen zu lassen, nennt Feng Shui eine Reihe von ungünstigen Bau-Details, die möglichst von vornherein vermieden werden sollten, da sie sich generell auf das Wohlbefinden der Hausbewohner auswirken.

Sha - unsichtbare Pfeile

Nach Feng Shui zählen zu den negativen Einflüssen scharfe Kanten, Balken und Ecken, die aufgrund ihrer männlich-aggressiven Tönung bei näherer Betrachtung unangenehme Gefühle oder das Empfinden, angegriffen zu werden, auslösen.

Wenn das Gebäude „Pfeile" aussendet

„Neulich stand ich gegen Abend etwas in Gedanken verloren vor unserem Haus und schaute auf unser Vordach. Plötzlich erschienen mir die unverkleideten Balken, die das Dach trugen und vom Haus weg auf mich zeigten, wie Geschütze, die aus mehreren Rohren unsichtbare Geschoß-Salven auf mich abfeuerten. Als mir dann auch noch bewußt wurde, wie wenig landschaftsgärtnerisch gestaltet unser Bereich vor dem Hauseingang war, fiel es mir wie Schuppen von den Augen, warum wir so selten Besuch bekamen und warum Kunden so oft ihre Termine absagten oder änderten."

Angreifende Bauteile schaffen, genauso wie schnurgerade Wege, Straßen, Flure oder wie auch Unordnung und Chaos im Haus, ungünstige Wohnbedingungen. Hierfür hat sich im Feng Shui der Begriff „Sha" eingebürgert. Dies ist eigentlich eine falsche Verwendung, da dieser Begriff ursprünglich seine Verwendung im Zusammenhang mit Geistern und Gräbern fand und angab, inwieweit ein Haus durch die Nähe von Friedhöfen oder Gräben energetisch beeinträchtigt wurde. (Hierzu gehörten im übrigen auch unterirdische Wasseradern, sofern sie

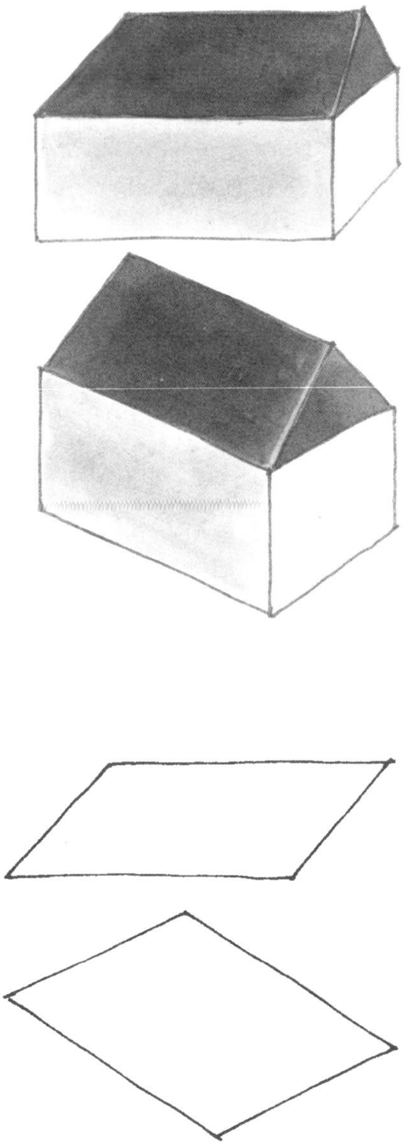

Hausecken, die direkt auf ein Nebengebäude zeigen, senden aggressive Pfeile aus.

schädliche, krankhafte Bewußtseinsenergien aus Friedhöfen und antiken Grabfeldern aufnahmen und unter Grundstücken und bewohnten Häusern wieder abgaben.)

Sha läßt sich gewissermaßen als der Gegenspieler von positivem Ch'i bezeichnen. Im traditionellen Verständnis geht man davon aus, daß böse Geister und schlechte Wesenheiten immer nur auf geraden Wegen wandeln können. Dies sollte heute zumindest bei der Bach- und Wegeplanung im Garten berücksichtigt werden.

Sha-Einflüsse werden in Siedlungen insbesondere dann erzeugt, wenn Hausecken oder Dachlinien direkt auf ein Nachbarhaus zeigen. Dies führt zu einer massiven dauerhaften Bedrohung und Schädigung durch sogenannte „giftige Pfeile". Auch wir in Deutschland kennen im übrigen dieses Phänomen. Denken Sie nur einmal an den Spruch, man solle nie mit einem Finger auf einen anderen zeigen.

Hilfe gegen negative Energien

Die sogenannten „giftigen Pfeile" sorgen für dauerhaft schädliche Gefühlslagen. Unbewußt fühlt man sich einer ständig lauernden Gefahr ausgesetzt. Feng Shui bietet für derartige Situationen Tips und Hilfen an, negativen Sha-Einfluß symbolisch abzuwehren. Zum Beispiel läßt sich dies dadurch erreichen, daß ein Zaun, eine Hecke oder Bäume den Angriff der Pfeile abfangen. Auch farbliche und bauliche Maßnahmen können dafür sorgen, daß das auftreffende Sha empfangen, zergliedert und am Haus vorbei gelenkt wird.

Der Bagua-Spiegel

Im Osten wird statt derartiger Barrieren überwiegend die Verwendung eines Bagua-Spiegels empfohlen, der an oder über der Haustür angebracht wird und Sha dorthin zurücksendet, woher es kommt. Bei einem derartigen Spiegel handelt es sich um ein achteckiges, bemaltes Stück Holz mit einem runden, konvex geschliffenen Spiegel in seiner Mitte, der alles diffus macht und zurücksendet. Um den Spiegel herum sind die acht Trigramme des I Ging plaziert. Dabei handelt es sich – grob vereinfacht – um die acht Zustandsformen des Ch'i, die in engem Zusammenhang stehen mit den Wandlungsphasen von Yin und Yang. Jedes der acht Symbole wird durch eine Kombination von drei Strichen dargestellt, die durchgezogen oder durchbrochen sind.

Spiegel lenken Energieströme in die gewünschte Richtung und sind ein wichtiges Hilfsmittel im Feng Shui.

Derartige Spiegel stehen natürlich mit der östlichen Mentalität in enger Beziehung und mögen manchen an längst überholte, magische Vorstellungen erinnern. Wer diesen Spiegel dennoch verwenden möchte, wird ihn in östlichen Teegeschäften, im Versandhandel und auch beim Autor erhalten.

Entrümpeln der Wohnung

Dieser Maßnahme kommt gemäß Feng Shui besondere Bedeutung zu. Was sammelt sich nicht alles im Verlaufe der Jahre an, was hat man aufgehoben, was lieb gewonnen. Unerfreulicherweise hat eine mit viel Nippes überladene Wohnung einen störenden Effekt auf den sanften Fluß des Ch'i, was fast immer Probleme nach sich zieht.

„In eine volle Tasse läßt sich kein frischer Tee gießen."
(Zen-Weisheit)

Dinge zu horten in Erwartung, sie in der Zukunft irgendwann wieder einmal zu benötigen, führt im Gegensatz zum erhofften Zweck dazu, erst gar keine „Zukunft" zu erlangen. Alte Gegenstände, Kleidungsstücke und sonstiges wegzuwerfen oder wegzugeben kann eine unbeschreibliche Wirkung entwickeln. Es kann Ihnen Weite und ein Gespür für Freiheit vermitteln. Unnützes Zeug aufzubewahren, schränkt ein und hält Sie zurück. Gerade, wenn Sie sich nach einer neuen Partnerschaft sehnen, sollten Sie für eine aufgeräumte und entrümpelte Wohnung sorgen, um den Weg für eine neue Liebe freizumachen.

Der Bio-Tensor

Bevor Sie nun Ihrer Intuition folgend erste konkrete Schritte in Ihrer Wohnung unternehmen, möchte ich Sie kurz noch auf ein einfaches Gerät hinweisen, das Ihnen in der Praxis sehr behilflich sein kann; zum Beispiel, wenn Sie sich nicht sicher sind, welches Möbelstück Sie kaufen sollten, oder wenn sie sich fragen, welche der möglichen Hilfsmittel Sie am ehesten einsetzten sollten. Hier kann Ihnen der Bio-Tensor wertvolle Hinweise geben. Er beantwortet jede gestellte Frage mit „Ja" oder „Nein". Wippt er auf und nieder, so heißt dies „Ja", pendelt er horizontal, so meint das „Nein".

Der Bio-Tensor setzt sich aus drei Teilen zusammen: aus dem Griff, einem Mittelteil aus Stahldraht und einem Kopf. Richtig

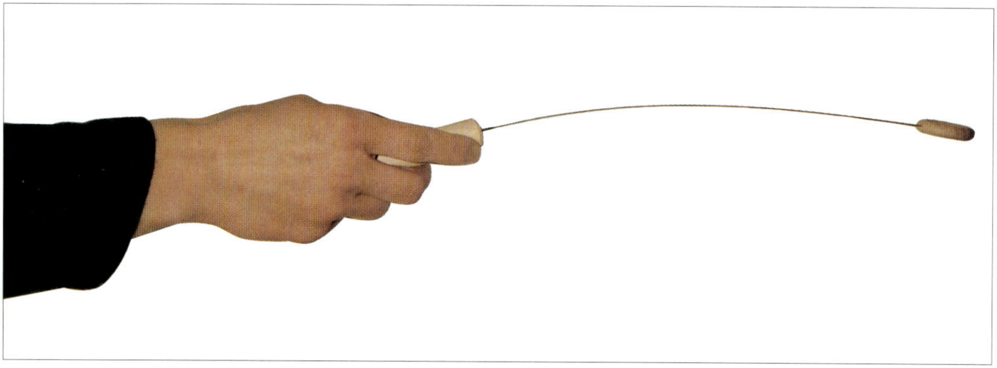

angewendet macht er allerfeinste Schwingungen sichtbar. Schwingungen, die aus dem Unterbewußtsein des Fragenden kommen und nun über das Medium Bio-Tensor in seiner eigenen Sprache zum Ausdruck gebracht werden. Um eine reibungslose Befragung sicherzustellen, dürfen Sie allerdings nicht mit einer vorgefaßten Meinung an die Sache herangehen. Am besten ist es, Sie bleiben ganz entspannt dabei und überlassen sich ruhig seiner Hilfe.

Der Bio-Tensor ist ein wichtiges Instrument zum Aufspüren unterschiedlicher Energieniveaus in einem Raum.

Nun haben Sie die wesentlichsten Grundlagen erfahren, um sich auf den Weg der konkreten Anwendung zu begeben. Vergessen Sie jedoch nie, daß alles das, was Sie auslösen, irgendwann einmal wieder zu Ihnen zurückkehrt. Trachten Sie deshalb danach, als Teil der Schöpfung eigenes Handeln an gesunden, fruchtbaren, glücklichen und harmonischen Umgebungen und Beziehungen mit dem Ziel auszurichten, andere zu bereichern und zu beschenken, statt sie auszunutzen.

Mehr Licht und Liebe für unsere Räume

Etwa 90 Prozent unseres Lebens verbringen wir innerhalb gebauter Umwelten, wobei der Trend in Richtung Isolierung und Vereinsamung weiter zuzunehmen scheint. Nun spielen sich bekanntlich zwischen Räumen und seinen Bewohnern unzählige Wechselwirkungen ab, was leider bis heute vielen von uns noch gar nicht so richtig bewußt ist. Daher ist es heutzutage wichtiger denn je, ein hohes Maß an Ch'i in unsere Räume zu lenken, um die Zirkulation gesunder Energien zu fördern.

Foto links: Auch wenn Sie über keine idealen Räumlichkeiten verfügen: Feng Shui hilft Ihnen, Ihre Wohnumgebung mit positiver Energie auszustatten.

Das Bedürfnis zu lieben und geliebt zu werden, welches in jedem von uns schlummert, möchte befriedigt werden. Deshalb brauchen wir als Gegengewicht zum allgemeinen Trend vermehrt wieder die Hinwendung zu sozialen Kontakten, zu Austausch und zur Bestätigung durch andere. Wir sind die Erschaffer und Gestalter unserer Räume, das heißt, wir haben es in der Hand, ob wir glücklich und zufrieden sind. Machen Sie doch hierzu einmal in den nächsten Tagen folgenden kleinen Versuch:

Übung: Den Raum erspüren

Wenn Sie ein fremdes Gebäude betreten, um jemanden zu besuchen, so spüren Sie in sich hinein. Wie ging es Ihnen vorher und wie fühlen Sie sich jetzt ? Möglicherweise werden Sie plötzlich einsilbig und es befällt Sie eine gewisse Schwere, verbunden mit Unbehaglichkeit und Unruhe? Oder im Gegenteil: nach dem Betreten neuer Räume fühlen Sie sich kraftvoller, wobei Sie durch die Klarheit der Räume verzaubert werden. Lädt die Atmosphäre der Wohnung zum Verweilen ein, und könnten Sie sich vorstellen, selbst darin zu wohnen?
Probieren Sie dann einmal, die Botschaft der eigenen Vier Wände auf sich zu erfassen. Dieses fällt meistens schwerer, da wir bereits ein Teil davon geworden sind. Aber dennoch...

Auf den folgenden Seiten möchte ich Ihnen jetzt eine Reihe von Tips geben, was Sie grundsätzlich in Ihrer Wohnung tun oder bedenken sollten, um dem Thema Partnerschaft und Liebe zu mehr Raum, zu mehr Ausdruck und Lebendigkeit zu verhelfen.

Der Eingangsbereich

Frontseite und Eingangstür sind diejenigen Teile eines Hauses, die einem Besucher als erstes „entgegenblicken". Sie sind im übertragenen Sinne das „Gesicht des Hauses". In Analogie zum menschlichen Körper könnte man auch sagen, das Glas der Scheiben symbolisiert die Augen, etwaige Lüftungsschlitze und geöffnete Fenster die Nase, die Eingangstür den Mund. Ihre Größe, Lage sowie ihr Aussehen bestimmen dabei maßgeblich, wieviel natürliches Ch'i von außen in das Innere der Wohnung gelangen, aber auch von innen wieder hinausströmen kann.

Ein attraktives „Gesicht" des Hauses oder der Wohnung findet nicht nur bei Besuchern Beachtung, sondern zieht auch Ch'i, die lebensspendende Energie, an.

Die Haustür spielt in den Konzepten des Feng Shui eine vorrangige Rolle. Sie ist es, durch die, bedingt durch das wiederkehrende Öffnen und Schließen, der größte Anteil an Ch'i in das Innere eines Hauses hineinströmt. Ähnlich wie es beim Menschen mit dem Sauerstoff geschieht, nehmen auch Gebäude und Wohnungen vitales Ch'i aus der Umgebung auf und geben Verbrauchtes wieder ab. Um zu gewährleisten, daß genügend Energie aufgenommen werden kann, gibt es jedoch bezüglich der Haustür eine ganze Reihe von Aspekten zu beachten.

Da sich Ch'i zu einem wesentlichen Teil an Blick-, Geh- und Denkrichtungen orientiert, sollten wir dafür sorgen, daß der Ankommende schon von der Straße oder vom Garteneingang her die Haustür möglichst problemlos wahrnehmen kann. Dies gilt um so mehr für Menschen, die allein leben und sich dringend eine Partnerschaft wünschen. Ein Gebäude, bei dem wir als Ankommende nicht sofort die Haustür erkennen, irritiert uns; wir wissen nicht, wie wir uns hier verhalten sollen. Schlimmstenfalls gehen wir an einem solchen Grundstück vorbei. Als Faustregel gilt: Kann ein Besucher die Hautür nur schwer finden, dann geht es dem Ch'i genauso.

Sollte die Haustür vom Zuweg her nicht unmittelbar zu sehen sein, so ist es notwendig, Blick und Aufmerksamkeit der Ankommenden zumindest in diejenige Richtung zu lenken, wo sich die Haustür befindet. Eine Ahnung davon läßt sich durch ein Schildchen am Gartenweg mit einem Pfeil unter dem Namen der Bewohner, mit Lampen oder Glockenspielen links und rechts des Eingangsbereiches, mit einer Steinreihe, die in Richtung der Tür verläuft oder ähnlichem erreichen.

Auch eine etwas versteckte Haustür sollte für Besucher leicht zu finden sein. Als hilfreiche Markierung können ein Namensschild mit Richtungspfeil (1), ein Glockenspiel (2) oder eine Steinreihe am Wegrand (3) dienen.

Im alten China ging man davon aus, daß böse Geister nur auf geraden Linien reisen können. Ein wenig dieses magischen Denkens können wir auch für den Gartenweg verwenden, der zum Haus führt. Er sollte nie als gerade Linie vom Gartentor zum Haus hin verlaufen. Das heißt, daß bei der Gartenplanung gleich die eine oder andere leichte Wegbiegung eingeplant oder bei älteren Wegen nachträglich eingebaut werden sollte. Und stellen Sie sich doch einmal in Gedanken selbst die Frage, wo Sie mit Ihrem Liebsten (Ihrer Liebsten) wohl eher spazieren gehen würden: auf geschlängelten, romantischen Parkwegen oder auf geraden Bürgersteigen?

Das Element Feuer hat wesentlichen Einfluß auf die Lebensenergie. Ohne das nötige Feuer in uns würde uns die Energie dafür fehlen, den richtigen Partner fürs Leben zu finden bzw. eine gelungene, konstruktive Beziehung zu leben. Die Farbe Rot steht dabei nicht nur für Feuer; sie ist gleichzeitig auch die Farbe für Liebe und Sexualität. Indem Sie nun im Bereich der Haustür rote Elemente geschickt plazieren (indem Sie z.B. einen rotblühenden Busch pflanzen, den Weg mit rotbraunen Steinen auslegen oder mit rötlichen Steinen einfassen), schlagen Sie zwei Fliegen mit einer Klappe: Einerseits harmonisieren Sie das Ch'i, welches aufs Haus trifft und entflammen es neu, andererseits unterstützen Sie gleichzeitig die Aspekte „Beziehung" und „Erotik" für Bewohner wie Besucher des Hauses.

Worauf Sie im Vorbereich Ihrer Haustür noch achten sollten, ist folgendes: Sorgen Sie dafür, daß hier kein Müll oder Unrat zu finden ist. Überquellende Mülltonnen haben hier nichts zu suchen. Auch welkes Laub oder vertrocknete Blumen sollten regelmäßig beseitigt werden. Ansonsten würde das vitale Ch'i, welches in Ihre Räume gelangt, von schädlicher Sha-Energie begleitet werden.

Sehr unvorteilhaft ist es, wenn man beim Betreten des Gebäudes hinter der Haustür schon eine rückwärtige Tür zum Hof oder Garten sehen kann. Dies führt dazu, daß das eintretende Ch'i sofort hinten wieder ins Freie hinaustritt. Hier kann das Aufhängen diverser Kristalle Abhilfe schaffen. Dies gilt auch, wenn beim Eintreten in ein Haus sofort die Toilette in das Blickfeld gerät.

Die Küche – das Energiezentrum

„Liebe geht durch den Magen", so weiß es der Volksmund. Ohne Umschweife drückt diese einfache Weisheit einen Zusammenhang aus, den es bei allen Herzensangelegenheiten zu beachten gilt. Überprüfen Sie doch einmal, wie Sie es mit dem Kochen und Speisen halten. Stellt Ihre Küche einen unaufgeräumten, engen, in sich geschlossenen Bereich dar, oder bietet sie Raum, sich zu entfalten? Ist sie so eingerichtet, daß alle Handlungen und Bewegungsabläufe reibungslos ausführbar sind, oder fühlt man sich leicht in seinem Tatendrang blockiert? Kommt einer dem anderen unausweichlich in die Quere, z.B. weil während des Geschirrspülens der Weg zu Kühlschrank oder Müllbehälter versperrt ist? Oder hat eine gute Vorausplanung geholfen, späteren Disharmonien und wiederkehrendem Ärger vorzubeugen?

Eine gut geplantes, behagliches Heim fördert das harmonische Zusammenleben der Partner.

In beinahe allen Kulturen stellt der Ort, an dem die Speisen gekocht werden, das eigentliche Zentrum dar. Dabei kannte man früher noch nicht die heute fast obligatorische Nähe zwischen den Komplementärelementen „Feuer" und „Wasser". Säubern und Abwaschen an Bach oder See waren von der Feuerstelle deutlich getrennt. Die moderne Küche bringt nun heute Wasser (Spüle) und Feuer (Herd) auf engem Raum zusammen, was aus Sicht des Feng Shui äußerst ungünstig ist, denn es sind Elemente, die sich gegenseitig „bekämpfen".

Ideal ist eine räumliche Trennung von Spüle und Herd. Wo dies nicht der Fall ist, sollte sich Holz als harmonisierendes Element zwischen Feuer und Wasser befinden (z.B. in Form der Arbeitsplatte, als Dekoration oder als kleines, grünes Bonsai-Bäumchen). Dies trägt nicht nur zu einer Verringerung energetischer Turbulenzen innerhalb der Küche bei, was zu einer besseren Anreicherung der Speisen mit Ch'i führt, sondern verhindert auch auf zwischenmenschlicher Ebene, daß die Partner „wie Hund und Katze" zueinander stehen.

In Zeiten von Fast Food scheinen unsere Ambitionen in Bezug auf liebevolles Zubereiten von Gerichten genauso stark abzunehmen, wie die Zahl an Beziehungsproblemen zunimmt. Bemühen Sie an dieser Stelle doch kurz einmal Ihre Vorstellungskraft. Was gibt es Schöneres, als die Vorstellung, in einer wohl sortierten, Wärme ausstrahlenden Küche ein Menü für den Geliebten (die Geliebte) zuzubereiten, um dieses später gemeinsam zu „vernaschen"? Kommen da nicht wunderschöne Bilder hoch? Und so ganz nebenbei bemerkt: Verstehen Sie jetzt die Doppeldeutigkeit des Wortes „vernaschen"?

Dem Kühlschrank bzw. der Vorratskammer kommt eine wesentliche Bedeutung zu. Sorgen Sie dafür, daß immer genügend Vorräte im Haus sind. Ein zumeist leerer Kühlschrank steht analog für ein Fehlen an Unabhängigkeit und Weitsicht, was sich nicht nur auf das Alltagsleben, sondern auch auf die Fähigkeit zu lieben und Liebe zuzulassen übertragen läßt.

Feng Shui empfiehlt ein Überwiegen der Farbe Weiß für die Küche. Weiß ist eine der Farben, die für das Element Metall stehen. Sie unterstützen damit nicht nur die Aspekte Sauberkeit und Reinheit, sondern außerdem noch die Energien der metallenen Kücheneinrichtungen Herd und Spülbecken. Vor einem weißen Hintergrund heben sich Flammen als Symbol für Energie und Lebenskraft ganz besonders gut ab. Weil rot zündelndes Feuer für Lebensenergie steht, ist die Verwendung von Gas oder Holz zum Kochen immer einem elektrisch betriebenen Herd vorzuziehen. Ein offenes Feuer symbolisiert Reichtum und hilft dabei, eine Beziehung zu intensivieren.

Kochen ist mehr als bloße Nahrungszubereitung. Zu zweit wird daraus ein kommunikatives, sinnliches Vergnügen.

Auf einen Mikrowellenherd sollten Sie unbedingt verzichten, denn seine hochfrequente Schwingung zerstört weitestgehend das gespeicherte Ch'i in den Speisen. Ein Defizit an Lebenskraft, die durch die Nahrung aufgenommen wird, ist die Folge. Außerdem verstärken die Geräte den Elektrosmog.

Neben einer optimalen Raumgestaltung sollten Sie dafür sorgen, daß die Küche immer, so weit es die Zeit zuläßt, aufgeräumt ist. Speisereste, ungewaschenes Geschirr und Unordnung stören den Fluß des gesunden Ch'i, so daß wir nicht nur seelisch, sondern mit der Zeit auch körperlich darunter zu leiden beginnen. Schaffen wir es, die Küche mit einer guten Ausstrahlung zu versehen, so steigt die Chance, Beziehungsprobleme in den Griff zu bekommen.

Zum Schluß noch ein Hinweis: Sollte es in Bezug auf die Gestaltung und Einrichtung der Küche nach Umzug oder Hausbau zu Streit innerhalb einer Paarbeziehung kommen, so gilt, daß im Zweifelsfall immer diejenige Person das letzte Wort hat, welche die meiste Zeit in der Küche zubringen wird. Aber dennoch darf sich der Partner nicht übergangen fühlen, denn auch für ihn soll diese Örtlichkeit als energetische Kraftquelle dienen.

Das Wohnzimmer – die „gute Stube"

Um den Streß und die Hektik des Alltags abklingen zu lassen, bedarf es eines Orts der Ruhe und Entspannung.

Mit der „guten Stube" wurde früher der Raum innerhalb einer Wohnung bezeichnet, auf den man ganz besonderen Wert legte. In diesem Zimmer befanden sich die Möbelstücke und Gegenstände, die nicht für den täglichen Gebrauch bestimmt waren. Man sorgte dafür, daß dieser Raum immer gut aufgeräumt und so gehalten wurde, daß man ihn jederzeit und ohne Probleme präsentieren konnte – und zwar nicht nur Gästen, sondern erstrangig sich selbst. So etwas wie ein Refugium sollte die gute Stube sein, ein Ort, an dem man eben etwas Besonderes empfand.

Die Ansichten über gesundes und behagliches Wohnen haben sich während der letzten Generationen immens verändert. Der Schnellebigkeit der Zeit wurde in diesem Zuge auch weitestgehend die ursprüngliche Funktion des Wohnzimmers geopfert. Das Fernsehgerät hat in den meisten Fällen den besten Platz im Wohnzimmer inne. Bei der Besichtigung einer neuen Wohnung wird fast immer als erstes die Frage geklärt, wo denn wohl der Fernseher stehen soll. Ursprünglich lediglich als Informationsinstrument ersonnen, das täglich nur für einen eingeschränkten Zeitraum genutzt werden würde, dominiert er heute aufgrund seiner hypnotischen Wirkung große Bereiche unseres Alltags.

Gemäß Feng Shui sollte sich das Wohnzimmer möglichst nahe der Eingangstür befinden. Je nach Vorliebe der Bewohner kann es mehr für Unterhaltung, Gästeempfang und Besprechungen oder eben mehr für Erholung, Rückzug und Entspannung genutzt werden. Es sollte warm und einladend wirken und die Persönlichkeiten der Mitglieder des Haushaltes widerspiegeln.

Wenn das Wohnzimmer im Chaos zu versinken droht

Vor einiger Zeit hatte ich mit einer Familie zu tun, in der sehr viel Unruhe und Disharmonie herrschte. Die Kinder nahmen die Eltern nicht nur zeitlich und nervlich stark in Anspruch, sondern breiteten sich quasi in allen Zimmern der großen Wohnung aus. Im Rahmen einer Beratung wurde deutlich, daß den Eltern so etwas wie eine „gute Stube" fehlte, ein Raum, in den sie sich abends setzen konnten, ohne noch lange vorher aufräumen zu müssen.
Nachdem das bisherige Mobiliar etwas umgestellt und einige Möbel neu hinzugekauft worden waren, verfügte das Zimmer nicht nur über eine funktionalere Struktur sondern auch über eine positivere Ausstrahlung. Das neugestaltete Wohnzimmer wurde so zu einem Ort, an dem man die Hektik des Alltags ablegen konnte, an dem es genug „Raum" gab, um sich in Ruhe und gegenseitiger Achtung zu begegnen.

Sarah Bartlett schreibt in ihrem Buch, daß das Wohnzimmer der Raum sei, der uns und unsere Beziehung widerspiegelt. Hierin würden wir erkennen, wie es in unserem Inneren und natürlich parallel dazu in unserer Beziehung aussieht. Ein Eigenbrötler, dessen lieblos zusammengewürfelte, von einer dicken

Staubschicht überzogene Wohnzimmereinrichtung aus einem einzigen Sessel, ein paar vergilbten Büchern, Telefon, Fernseher, einem verwaisten Sofa und einigen übriggebliebenen, vertrockneten Pflanzen besteht, braucht sich nicht zu wundern, daß er immer wieder erleben muß, wie zäh und kompliziert sich seine Partnerschaften gestalten. Welche Frau hätte schon Lust, sich dauerhaft auf so jemanden einzulassen?

Ein Wohnzimmer sollte reich an Farbnuancen sein. Feng Shui schlägt für diesen Raum beige, gelbe, hellbraune, grüne und blaue Farbtöne vor. Die Farbe Braun ist insbesondere dann zu empfehlen, wenn das Wohnzimmer der zentrale Ort der Wohnung ist, denn sie symbolisiert in diesem Falle entsprechend der zentralen Position das Element Erde.

Natürlich bleibt es dem Geschmack der Bewohner überlassen, die Farbe der Sitzgelegenheiten zu bestimmen. Will man jedoch dafür sorgen, daß eine Zweierbeziehung stabil bleibt, so schlägt Feng Shui Gelb und mit Einschränkungen auch Weiß für Sofa und Sessel vor. Eine andere Möglichkeit der Farbauswahl wäre folgende: Sie wählen diejenige Farbe aus, die Ihrem persönlichen Element entspricht (näheres hierzu siehe S. 49 ff.). Zum Beispiel würden Sie die Farbe Grün wählen, wenn beide Partner dem Holzelement zuzurechnen sind. Oder Sie wählen als Ausgleich die Farbe Grau, um das Verbindende zu stärken, wenn die Elemente der zwei Verliebten in einer disharmonischen Beziehung zueinander stehen.

Ganz wesentlich ist natürlich auch die Plazierung der Sitzelemente in Bezug auf den Fluß des Ch'i. Wichtig ist vor allem, daß sich die Sitzecke nicht zwischen Tür und Fenstern befindet, da sich hier ein zu starker Energiestrom entwickelt. Sollte es nicht möglich sein, die Polstergarnitur in einem energetisch gemäßigteren Teil des Raumes unterzubringen, so können ein Paravent, Windspiele oder größere Topfpflanzen dazu benutzt werden, den Energiefluß im Raum günstig zu gestalten.

In jedem Raum lassen sich kraftvolle und weniger kraftvolle Plätze finden. Diese unterschiedlichen energetischen Qualitäten sind mit Hilfe eines Bio-Tensors rasch ausfindig zu machen (siehe hierzu auch S. 22). Oft befinden sich die Kraftorte eines Wohnzimmers dort, von wo aus man die Tür des Raumes im Blick hat – und zwar deshalb, weil man kaum von jemandem überrascht werden kann, der unvermittelt eintritt. Gästen sollte man immer die positivsten Plätze des Raumes anbieten, sich selbst für die Dauer der Besuche mit weniger vorteilhaften Sitzen begnügen.

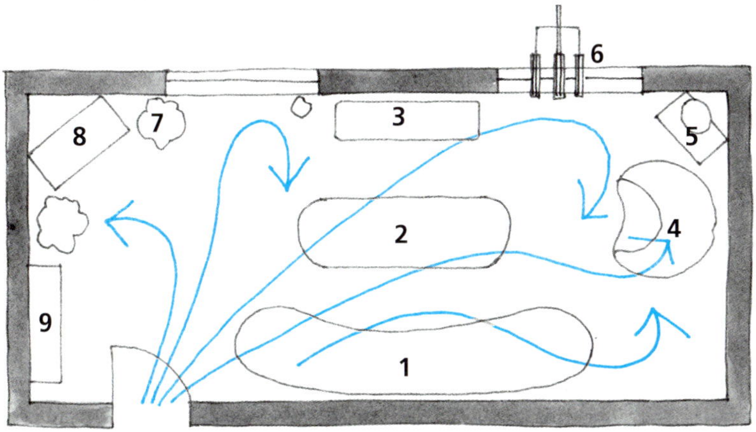

Hier kann das Chi'i gesund fließen: 1 Sofa, 2 Tisch, 3 Sideboard (daneben Mineralien), 4 Sessel, 5 Kommode (mit Lampe), 6 Windspiel (vor dem Fenster), 7 Pflanze, 8 Aquarium, 9 Regal.

Sollten Sie alleine leben, so achten Sie darauf, daß Sie nicht immer nur auf demselben Platz sitzen, denn damit senden Sie unterschwellig die Botschaft aus, daß die anderen Plätze eigentlich gar nicht besetzt werden sollen. Gerade wenn Sie sich Liebe ins Haus holen wollen, sollten Sie Ihren Sitzplatz immer wieder einmal wechseln. Und vergessen Sie auch nicht,

Ihren Wunsch nach einer Partnerschaft irgendwo symbolisch deutlich zu machen. Dies kann ganz simpel durch das Aufstellen zweier Figuren auf der Fensterbank, durch ein Poster eines verliebten Paares an der Wand und ähnlichem geschehen. Testen Sie die Hilfsmittel vorab mit dem Bio-Tensor. Sie werden rasch feststellen, daß sich manches wie von selbst ergibt.

Der Schlafraum: In der Ruhe liegt die Kraft

Eine Beziehung ist wie eine Blume, die jeden Tag gehegt und gepflegt werden muß, damit sie gut gedeihen kann.

Je länger Sie in einer Beziehung leben, desto größer wird die Gefahr, daß Zärtlichkeit und Sex durch drängende Alltagsprobleme und -routine an Spontaneität und Intensität verlieren. Vergessen Sie nie, daß auch noch die glücklichste Zweierbeziehung nicht per se und ohne Zutun perfekt bis in alle Ewigkeit funktioniert. Wirken Sie also rechtzeitig einer negativen Entwicklung Ihrer Partnerschaft entgegen.

Das Schlafzimmer, so werden Sie sicherlich denken, stellt für eine Paarbeziehung in puncto Sexualität, Erotik und Intimität den wichtigsten Ort einer Wohnung dar. Nach Feng Shui jedoch erst einmal weit gefehlt. Ein Schlafzimmer ist zunächst einmal – wie es der Begriff schon sagt – ein Zimmer zum Schlafen. Es ist derjenige Ort innerhalb einer Wohnung, der es uns ermöglichen soll, abzuschalten und zu regenerieren.

Da wir uns etwa ein Drittel unseres Lebens im Bett aufhalten, sollten wir für zweierlei sorgen: Erstens, daß dieser Ort über soviel Ch'i wie möglich verfügt, und zweitens gilt es sicherzustellen, daß hier der Einfluß geopathologischer Störungen (Wasseradern, Gitter, Erdverwerfungen) weitestgehend ausgeschlossen wird. Insbesondere sollte der Raum mit dem Bio-Tensor nach dem optimalsten und störungsfreisten Platz für das

Bett untersucht werden. Im Zweifelsfalle ist ein Radiästhesist um Hilfe zu bitten, der außerdem auch in der Lage sein sollte, eventuell vorhandenen Elektrosmog aufzuspüren.

Schauen Sie sich doch bitte einmal Ihr Schlafzimmer etwas genauer an. Ist es wohnlich und aufgeräumt? Bedenken Sie kurz die Frage der Ordnung. Glauben Sie wirklich, daß Ihr Unterbewußtsein Ihnen erholsamen Schlaf schicken kann, wenn um Sie herum Staub und Unordnung vorherrschen? Und was würde wohl die oder der „Zukünftige" davon halten, wenn sie/er Einblick in eine derart „unordentliche Intimsphäre" erhalten würde. Erstirbt nicht jeder Gedanke an Sex, wenn ein Raum ungemütlich und unaufgeräumt erscheint?

Dem Ch'i des Schlafzimmers kommt es sehr gelegen, wenn tagsüber die Vorhänge zur Seite gezogen und auch nachts die Fenster zumindest einen Spalt weit offen sind. Für einen guten, erholsamen Schlaf braucht der Raum unbedingt viel Energie, ansonsten „bedient" er sich bei Ihnen wie ein Vampir, ohne daß Sie dies merken. Sollten Sie sich im übrigen morgens immer wie gerädert fühlen, so überdenken Sie unbedingt dieses grundsätzliche Problem.

Beachten Sie auch, daß das Schlafzimmer nie nach Süden zeigen sollte, da sich in diesem Fall die Sonnenwärme negativ auswirken kann. Direktes Sonnenlicht, das tagsüber auf das Bett fällt, kann dazu führen, daß der Raum überaktiviert wird, was das Einschlafen erschweren kann. Im Falle einer neuen „Eroberung", kann es allerdings auch nicht schaden, wenn überschäumende Energien zur Verfügung stehen.

Sind Sie Frühaufsteher, so legen Sie das Schlafzimmer möglichst auf die Ostseite, um sich von den Morgenstrahlen wecken zu lassen. Sind Sie ein Nachtmensch, so planen Sie das Zimmer lieber Richtung Westen, um sich zumindest symbolisch mit den letzten Sonnenstrahlen vom Tag zu verabschieden.

In Bezug auf die farbliche Gestaltung gibt es einiges zu berücksichtigen: In China gilt Weiß als die Farbe des Todes, und auch bei uns gibt es diese Assoziation (= Leichentuch), so daß man tunlichst auf weiße Bettücher verzichten sollte. Häufig wird Rosa für die Wände empfohlen, denn diese Farbe steht für Glück, insbesondere für Eheglück. Aber auch Hellgrün oder Hellblau sind zu empfehlen. Sind Sie auf der Suche nach einem festen Partner, so verwenden Sie pfirsich- oder rosafarbene Bettwäsche. Nie fehlen sollte im Schlafzimmer ein kleiner Farbtupfer in Rot, der Farbe, die Sexualität und Feuer symbolisiert.

Das Bett selbst sollte am Kopfende immer an eine Wand heranreichen, insbesondere dann, wenn es über kein höher gezogenes Kopfende verfügt. Die Nacht stellt für unser Unterbewußtsein immer eine Regression in pränatale Phasen – ähnlich wie im Mutterbauch – dar. Beobachten Sie Ihr Schlafverhalten doch einmal. Bleiben Sie die Nacht über an dem Platz liegen, an dem Sie eingeschlafen sind oder „wandern" Sie allmählich

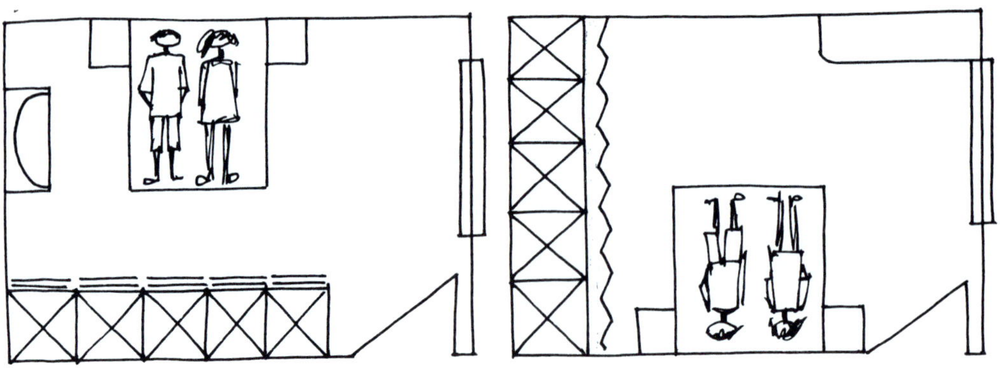

Ein Schlafzimmer, mit wenigen Mitteln neu gestaltet. Links: Spiegelschränke, die frontal zu den Schlafenden gewandt sind, ein Bett, in dem man mit den Füßen zur Tür liegt, und eine eckige Kommode. Rechts: Das Bett wurde richtig positioniert, die Kommode ersetzt, die Spiegelflächen durch einen Vorhang verdeckt.

immer weiter nach oben ins Kissen hinein – so weit, bis es nicht mehr weiter geht?

Von der Ausrichtung im Raum her betrachtet, sollte das Bett gemäß Feng Shui nie mit dem Fußende direkt in Richtung Tür stehen. Chinesen assoziieren diese Position mit aufgebahrten Särgen, und die Redewendung „jemanden mit den Füßen voran heraustragen" umschreibt auch bei uns einen ganz ähnlichen Sachverhalt.

Außerdem sollte das Bett so ausgerichtet sein, daß man, ohne sich verrenken zu müssen, die Tür im Blick hat. Dies fördert unbewußt das erhöhte Sicherheitsbedürfnis während des Schlafes und beugt einer gewissen regressiven Ur-Angst vor. Auf diese Weise können wir uns im Schlaf besonders tief fallen lassen, was erwiesenermaßen die Regeneration deutlich fördert. Sollte es nicht möglich sein, vom Bett aus die Tür zumindest einigermaßen im Blick zu behalten, und sollte sich an der Ausrichtung der Betten nichts ändern lassen, so schlägt Feng Shui vor, einen Spiegel so zu postieren, daß man aus dem Bett heraus mit dessen Hilfe den Türbereich sehen kann. Ansonsten empfiehlt sich allerdings eine äußerst sparsame Verwendung von Spiegeln im Schlafzimmer.

Da ein Schlafzimmer schon aus Ruhegründen in den meisten Fällen im entlegeneren Teil einer Wohnung oder eines Hauses eingeplant wird, muß der Raum unbedingt eine Art „Hintertür" haben, durch die altes, verbrauchtes Ch'i (und davon fällt während einer Nacht eine ganze Menge an) ins Freie entweichen kann. Hierfür bieten sich Fenster oder Balkontüren an. Kleinere Pflanzen in einiger Distanz zum Bett sind ebenfalls in der Lage, gutes Feng Shui in einen Schlafraum zu bringen. Sie zerstreuen nicht nur das Ch'i, sondern filtern auch die Luft.

Das Badezimmer – das „stille Örtchen"

Bad und insbesondere WC stellen denjenigen Sektor innerhalb einer Wohnung dar, der besondere Beachtung in puncto Diskretion verlangt. Mal eben auf dem „stillen Örtchen" zu verschwinden, gibt in geselligen Runden den anderen gelegentlich Anlaß, Sprüche zu klopfen oder sich über die betreffende Person lustig zu machen – und das vor allem dann, wenn ein direkter Blickkontakt zu der betreffenden Tür möglich ist. Deshalb ist es aus Rücksicht auf Schamgefühle und den Schutz der Intimsphäre angezeigt, die Tür zum Badezimmer so zu legen, daß sie nicht unbedingt gleich von den übrigen Wohnräumen aus eingesehen werden kann. Bei ungünstiger Lage der Toiletten- oder Badezimmertür kann hier auch ein Paravent oder analog dazu eine große Topfpflanze Abhilfe schaffen. Auch ein geschickt plaziertes Glockenspiel hilft den Blick von diesem sensiblen Bereich abzulenken.

Stellen Sie sich einmal vor, Ihre Traumfrau oder Ihr Traummann sitzt auf der Couch, umgeben von jadefarbenen Duftkerzen und leiser Musik und kann so ganz nebenbei die Töne vernehmen, die von Ihnen auf der Toilette erzeugt werden. Wird Ihnen da nicht die ganze Peinlichkeit der Situation bewußt? - So gesehen war der „Abort" früherer Zeiten, der sich außerhalb des Hauses befand, gar nicht so abwegig.

Feng Shui kennt eine ganze Reihe von Regeln, die in Bezug auf Badezimmer und Toiletten beachtet werden sollten. An erster Stelle steht die Forderung, Bad und WC möglichst in getrennten Räumen unterzubringen. Dies sichert jedem Benutzer ein hohes Maß an Privatsphäre. Zusätzlich hilft es, besonders morgens, wenn die Zeit knapp ist und sich gleich mehrere Familienmitglieder frisch machen wollen, die Situation zu entzerren. Eine Patientin von mir erzählte mir vor einigen Monaten, wie wunderbar mächtig sie sich fühle, wenn Sie sich im verschlossenen Badezimmer zurechtmache, wohl wissend, daß ihr Mann draußen wegen der Warterei vor Ärger fast zerplatze.

Bäder und WCs sind in erster Linie dafür da, Verunreinigungen abzuwaschen und Ausgeschiedenes wegzuspülen. Demzufolge wird an diesen Orten viel Sha bewegt. Damit dieses die umliegenden Räume nicht verunreinigen kann, sollten sich Bäder auf gar keinen Fall in der Mitte einer Wohnung befinden. Zusätzlich wäre es besonders gut, wenn das Toilettenbecken möglichst an einer der Außenwände des Hauses positioniert wäre, um den verunreinigten Energien zu erlauben, schnell abzufließen, ohne noch einmal das Haus zu durchwandern.

Genau wie die anderen Räume sollte auch ein Badezimmer ein gesundes Maß an Individualität zulassen. Sorgen Sie dafür, daß keine Putzmittel offen herumstehen und achten Sie darauf, daß jedes Familienmitglied über einen eigenen Bereich für Kosmetik, Zahnbürste und sonstige Utensilien verfügt. Dies gewährleistet harmonische Abläufe und hilft gerade Kindern, gegenseitige Grenzen zu akzeptieren.

Ob in Bad, Wohnraum oder Schlafzimmer – jedes Familienmitglied braucht seinen privaten, individuellen Bereich.

Zwei Gründe sprechen dafür, ein Badezimmer auf der Nordseite eines Hauses anzusiedeln. Einerseits hat Wasser als dominierendes Element eine enge Affinität zum Norden, und zweitens sind Bäder, energetisch betrachtet, viel weniger auf Sonnenlicht angewiesen als beispielsweise Wohn- oder Eßzimmer. Gemäß Feng Shui sollte außerdem bedacht werden, ein Bad nicht unbedingt direkt neben die Haustür zu legen, denn dadurch entsteht die Gefahr, daß das gute, kraftvolle Ch'i, welches durch die Haustür hereinströmt, im WC weggespült oder hier zumindest verunreinigt wird. Das so geschwächte Ch'i durchströmt in einem solchen Fall alle Teile der Wohnung, was unter Umständen gesundheitliche Probleme mit sich bringen oder die Partnerschaft belasten kann.

Blumen verleihen dem Badezimmer nicht nur eine angenehme Atmosphäre, sie reduzieren auch die negativen Sha-Energien.

Nach den Farbregeln des Feng Shui sind die Farben Schwarz, Weiß oder Schwarzweiß für das Badezimmer vorzuziehen. Alternativ dazu kann für die Fliesen auch Blau gewählt werden, da diese Farbe das Wasser symbolisiert. Ein wenig Rosa, bzw. die Farben der Elemente der Bewohner (siehe S. 54 ff.) geben dem WC-Bereich etwas Versöhnliches, manchmal auch etwas Beschwingtes. Allerdings sollten die Einfarbigkeit der Wände und Innenausstattung gezielt durch bunte Handtücher oder

Accessoires belebt werden. So bietet es sich z.B. an, auf den Badewannenrand schöne Flakons und Fläschchen zu postieren, am besten in der jeweiligen Farbe des eigenen Elementes oder der des Partners, dazu zwei Kerzen, um das duale Prinzip, das Männliche und Weibliche, hervorzuheben.

Auch mit Düften läßt sich im Bad gut experimentieren, besonders wenn sie die beiden Partner gleichermaßen ansprechen. Um eine gewisse erotische Note in das Bad zu bringen, sollte es nicht nur immer gut aufgeräumt und von eventuellem Kinderspielzeug befreit sein. Noch mehr Wirkung entfalten kleine indische Statuen, die Fruchtbarkeit symbolisieren und gezielt als Raumschmuck aufgestellt werden.

Nie sollte ein Badezimmer im sogenannten Reichtumssektor (siehe unter „Bagua", S. 51 ff.) angesiedelt sein, denn abfließendes Wasser findet seine Entsprechung im Geld, das einem sprichwörtlich durch die Finger rinnt. Vergessen wir nicht, daß viele Partnerschaftkrisen wegen finanzieller Probleme entstehen. Aus ähnlichen Gründen sollte ein Bad auch nicht im Wohnungssektor für das Lebensziel „Partnerschaft" eingerichtet werden, denn das erhöht die Gefahr, daß Liebe und Romantik einfach davonfließen. Und ganz wichtig: Egal, wo das Bad liegt, sollten Sie die Tür immer geschlossen halten. Wenn es sich einrichten läßt, dann plazieren Sie im Bad zwei oder noch besser vier Spiegel. Den Spiegeln wird die magische Fähigkeit zugesprochen, dazu beizutragen, daß etwas wieder den Raum verläßt, was hereingekommen ist.

Falls Sie ein eigenes Haus Ihr eigen nennen, dann sollten Sie beachten, daß sich über einer Küche oder einem Eßzimmer kein Bad befindet. Wie bereits beschrieben, steht der Herd für das Element Feuer, welches Energie und Reichtum mehren soll.

Abwässer bewirken jedoch im übertragenen Sinne, daß das Feuer gelöscht oder zumindest in seiner Kraft gemindert wird, was sich wiederum negativ auf die Qualität des Ch'i auswirkt.

Blumen können Sie problemlos auch im Bad aufstellen. Sie haben immer eine belebende, energiespendende Wirkung; nur sorgen Sie dafür, daß diese nicht direkt auf dem Boden stehen, da sonst das Ch'i angezogen und weggespült würde.

Gutes Feng Shui läßt sich im Badezimmer noch verstärken, indem Sie die Wände mit Postern von Bergen und Flußläufen verschönern. Und denken Sie zu guter Letzt daran: Eine liebe Botschaft, am Abend kurz zu Papier gebracht und geschickt im Bad postiert, kann so manchem Morgenmuffel den Beginn des Tages verschönern.

Anaïs Nin schreibt in ihren Tagebüchern: „Die Liebe stirbt nie einen natürlichen Tod. Sie stirbt, weil wir das Versiegen ihrer Quelle nicht aufhalten. Sie stirbt an Blindheit und Mißverständnissen und Verrat. Sie stirbt an Krankheiten und Wunden, sie stirbt an Müdigkeit. Sie siecht dahin, sie wird gebrechlich, aber sie stirbt nie einen natürlichen Tod. Jeder Liebende könnte des Mordes an seiner eigenen Liebe bezichtigt werden."

Die Erfahrung lehrt, daß dieses Zitat bedauerlicherweise sehr zutreffend ist. Doch das muß nicht zwangsläufig so sein. Feng Shui bietet, wie wir gesehen haben, vielfältige Anregungen, um das Absterben der Liebe zu verhindern. Einiges mag Sie irritieren, anderes werden Sie sicherlich schon gewußt haben, und einigen Vorschägen haben Sie innerlich vielleicht sogar sofort zugestimmt. Nun kommt es darauf an, sich zu entscheiden, wo Sie ansetzen wollen. Sie sollten Schwerpunkte formulieren, denn alles auf einmal können Sie an Ihrer Wohnung nicht umkrempeln. Gehen Sie lieber Schritt für Schritt vor, anstatt vorschnell zu handeln.

Wenn wir beginnen, an unserer Umgebung etwas positiv zu beeinflussen, so sorgen wir damit auch dafür, daß in uns etwas aufklart und mehr Licht in unser seelisches Dunkel gelangt. Wir haben vieles allein schon durch die ideale Gestaltung der Wohnung in der Hand. Hierdurch halten wir die Gefühle höchster gegenseitiger Anziehung und Liebe, die wir zu Beginn einer intimen Partnerschaft so ganz intensiv verspürten, wach und sorgen dafür, daß unsere Beziehung aktiv und lebendig bleibt. Und wir verhindern damit, zu schnell auf Gegenwehr und Kritik umzuschalten, anstatt achtsam, geduldig und in Liebe unserem Gegenüber den nötigen Raum zu geben.

„Die Liebe ist eine Kraft, die die Mauern durchbricht, durch die der Mensch von seinem Mitmenschen getrennt ist."
(Erich Fromm, Psychotherapeut)

Wenn es mit der Kommunikation wieder stimmt

„Als ich zum ersten Mal von meinem Mann etwas über Feng Shui hörte, dachte ich: Na, was hat er denn da wieder mitgebracht? Ich war äußerst skeptisch, wozu auch meine wissenschaftliche Ausbildung mit beitrug. Dennoch wurde ich neugierig und erklärte mich einverstanden, einen bestimmten Teil innerhalb unserer Wohnung umzugestalten. Mein Mann sprach von einer Kommunikationszone, die aktiviert werden müsse, um wieder mehr Energie in unsere Ehe zu bringen. Von nun an stand hier nicht nur eine Pflanze, sondern es hing auch eine Lichterkette an der Wand, und es wurde eine Duftlampe aufgestellt, für die mein Mann ein bestimmtes Duftöl gekauft hatte.
Eigentlich habe ich nicht viel an Wirkung bemerkt. Erst als mich mein Mann etwa ein halbes Jahr später während eines Spaziergangs fragte, ob ich nicht irgendeine Veränderung zwischen uns beiden bemerkt hätte, wurde mir bewußt, daß es schon seit Monaten zwischen uns beiden wieder ‚gefunkt' hatte."

Wer paßt zu wem?

„Lieben heißt, in eine Heimat zurückzukehren, die wir niemals verlassen haben; heißt, uns erinnern, wer wir sind." (Sam Keen, Autor)

Foto links: Ein Ziel, für das sich jede Mühe lohnt: Eine glückliche Zweierbeziehung, aus der beide Partner Energie und Lebenslust schöpfen.

Warum fühlen wir uns zu manchen Menschen besonders hingezogen, von anderen abgestoßen? Es gibt Paare, die leben Zeit ihres Lebens in liebevoller Eintracht, andere haben Probleme, überhaupt ein gemeinsames Gesprächsthema zu finden. Häufig entsprechen unsere Partner ganz bestimmten Mustern, obwohl es sich doch um gänzlich unterschiedliche Personen handelt.

Begründungsversuche hierfür fallen unterschiedlich aus. Die Alltagssicht bemüht gemeinhin den Zufall, während die Tiefenpsychologie vieles auf familiäre Bindungen, Kindheitserfahrungen und auf lebenslang erlerntes Verhalten zurückführt. Die Reinkarnationslehre schließlich betont, analoge Muster würden sich durch eine Vielzahl von Wiedergeburten hindurchziehen.

Feng Shui bietet zur Erhellung dieser Phänomene die Lehre von den fünf Elementen an. Hierzu zählen Feuer, Erde, Metall, Wasser und Holz. Mit ihrer Hilfe lassen sich Aussagen dazu machen, wer mit wem eher harmoniert und in welchen Paarbeziehungen es auch schon mal krachen kann. Jedes einzelne dieser Elemente spiegelt einen bestimmten Typus an Eigenschaften wider, Eigenschaften, die sich auch an Formen, Gebäuden und Landschaften beobachten lassen, die jedoch auch recht gut auf Menschen übertragbar sind. Machen Sie doch einmal die nachfolgende Übung, um ein erstes Gespür für die Bedeutung der verschiedenen Elemente zu bekommen:

Übung: Eine meditative Reise durch die Natur

• *Holz:* Versuchen Sie sich mit einem Baum zu identifizieren. Stellen Sie sich in Ihrer Phantasie einen Baum vor. Wie sieht er aus? Ist er groß oder klein, freundlich und offen oder knorrig und verkrümmt? Handelt es sich um einen Laub- oder einen Nadelbaum? Durch welche Eigenschaften zeichnet sich der Baum sonst noch aus? Wenn Sie sich lange genug in Ihren Baum hineingedacht haben, malen Sie ihn in Ruhe auf ein Blatt Papier und legen es zur Seite.

• *Feuer:* Anschließend machen Sie das gleiche unter der Thematik Feuer. Was denken Sie spontan bei dem Wort Feuer? An ein großes, prasselndes Lagerfeuer oder eher an eine schwach glimmende Glut. Denken Sie eher an einen Flächenbrand wie in einer Steppe oder an ein eingesperrtes Kessel- oder Ofenfeuer? Bringen Sie auch hiervon Ihre Vorstellung zu Papier.

• *Erde:* Was fällt Ihnen spontan zum Thema Erde ein? Vielleicht der ganze Erdball oder nur ein Klümpchen Mutterboden. Schauen Sie im Geiste von oben auf ein Fleckchen Sand, oder entwickelt sich in Ihnen sofort eine Vorstellung, wie es innerhalb der Erde wohl aussehen könnte? Das was zuerst auftaucht, sollen Sie aufmalen.

• *Metall:* Kommen wir als nächstes zum Metall. Denken Sie hier beispielsweise an einen verrosteten Eisenträger, an eine schmiedeeiserne Form, an einen Messingring, an Goldnuggets in einem Bach – oder führt Sie Ihre Phantasie mehr ins Erdinnere, in Kupferminen, Erzbergwerke oder womöglich sogar in die heiße Magmamasse? Das, was vor Ihrem geistigen Auge auftaucht, zeichnen Sie auf ein Stück Papier.

• *Wasser:* Nun erzeugen Sie ein inneres Bild zum Thema Wasser. Was taucht spontan in Ihrer Vorstellung auf? Eine ruhige Meeresbrandung, stürmische See oder eher ein kleiner Tümpel? Vielleicht ein Rinnsal oder Wasser aus einer Wasserleitung Regen, Schnee, Eis? Nehmen Sie Ihre ersten Eindrücke auf und stellen Sie auch diese zeichnerisch dar.

Wie finde ich mein Element?

Im folgenden wollen wir uns in konkreter Form an diese Frage herantasten:

1. Entnehmen Sie aus der nachstehenden Tabelle, welchem Elemente-Typ Sie selbst zugehören (S. 52 f.).

2. Anschließend beschäftigen Sie sich anhand der jeweiligen Übersicht mit den Aspekten Ihres Elements (S. 55 ff.).

3. Vergleichen Sie die Angaben im Text mit den Bildern, die Sie zu den Elementen in Ihrer Phantasie entwickelt haben.

4. Informieren Sie sich danach über die Chancen und Risiken bestimmter Elemente-Konstellationen (S. 65 ff.).

5. Vergleichen Sie Ihre Situation mit den Angaben und überlegen Sie, welche negativen Einflüsse Sie womöglich an einer gesunden Persönlichkeitsentwicklung gehindert haben.

Die Zuordnung eines jeden Menschen zu den Elementen richtet sich nach dem Tag seiner Geburt. Der Tabelle auf S. 52 f. können Sie entnehmen, welchem Element Sie entsprechen; zusätzlich noch, inwieweit es sich dabei mehr um eine männliche (Yang) oder eher weibliche (Yin) Ausprägung handelt. Mit Hilfe dieser Liste können Sie später auch Relationen herstellen zwischen sich und Ihrer Familie oder Ihrem Partner, zu bestimmten Lebensereignissen wie auch zu dem Verhältnis zwischen sich und Ihrer Wohnung.

Wenn Sie zum Beispiel im Sommer 1970 geboren wurden, so zählen Sie zum Bereich des metallenen Elementes. Dies sollte auch deutlich in Ihrem Umfeld zum Ausdruck kommen. Zum Beispiel, indem Sie Aspekte und Dekorationsgegenstände des Elements Metall verwenden (siehe hierzu näheres auf S. 60). Ziel sollte immer sein, die Eigenschaften des führenden Elementes zu stärken, um Ihren Weg, Ihre Wünsche und Ihre Vorstellungen dadurch zu unterstützen. Gleiches gilt sinngemäß auch für Häuser und Wohnungen. Ein Haus, das zum Beispiel Ende 1953 gebaut wurde, steht in Beziehung zu Wasser. Insofern sollte man dafür sorgen, daß sich möglichst viele Wasserelemente in symbolischer Form wie auch real im Kontext des Hauses befinden.

Nachdem Sie nun Ihr Element gefunden haben, sollten Sie sich erst einmal mit denjenigen Energien und Formen eine Weile lang beschäftigen, die aufgrund des Geburtsdatums zu Ihnen gehören. Benutzen Sie als Ergänzung hierbei unbedingt das entsprechende Bild Ihres Elementes, das Sie zuvor gemalt haben, und versuchen Sie erst einmal in Ruhe herauszufinden, was Ihnen dieses Bild über Ihre Situation sagen kann. Mit ein wenig Phantasie werden Sie auf diesem Wege eine ganze Menge an Übereinstimmungen zwischen sich und dem gemalten Elementebild entdecken.

Nehmen wir einmal an, Ihnen ist das Element Erde zugeordnet. Nach der Bildbetrachtung machen Sie sich mit den Angaben dazu auf den folgenden Seiten vertraut. Studieren Sie, was alles zu dieser Konstellation gehört, und vergleichen Sie, wie weit Sie diesem Typus nahe kommen. War Ihnen bei der Phantasie-Übung vorhin zum Beispiel ein trockenes, abgestochenes Stückchen Erde in den Sinn gekommen, so läßt dies sicherlich eine andere Interpretation zu, als wenn sie schwere, gesunde Gartenerde, überzogen mit Blumen und Stauden, gesehen haben.

Die eigene Situation erkennen

„Als ich vor einiger Zeit hörte, ich sei ‚Wasser', fiel mir sofort ein Kanal in einem tief eingeschnittenen Tal ein. Anfangs wollte mir dessen Bedeutung gar nicht so recht bewußt werden. Doch in einem Gespräch mit einer Freundin kamen mir so einige Assoziationen.
Ein Kanal ist immer künstlich hergestellt; man leitet das Wasser durch ein schnurgerades, betoniertes Flußbett, anstatt ihm die Freiheit zu lassen, sich einen eigenen Weg zu suchen. Hierzu fiel mir ein, daß auch ich mich irgendwie künstlich eingeengt fühle. Immer wieder sage ich mir, daß ich ein freieres Leben führen möchte, doch ich komme mir wie gefangen vor. Womöglich hat mich bereits meine Erziehung gezwungen, in eine bestimmte Richtung zu gehen. Und die steilen Hänge zu beiden Seiten des Kanals führen mir jetzt vor Augen, wie schwer es wird, meine eingefahrene Situation zu verlassen."

Ein Motiv mit einer kranken, gestörten Symptomatik kann Ihnen viel verraten. Es kann Ihnen auf nonverbale Weise zeigen, an welchem Punkt Sie stehen und wie stark Sie an sich arbeiten müssen, um Ihre Lebensenergie in die richtigen Bahnen leiten zu können.

Es ist eine wesentliche Aufgabe Ihres Lebens, die Teilbereiche des entsprechenden Elementes in sich zu verwirklichen und den vorbestimmten Weg in Richtung Verwirklichung auch tatsächlich zu gehen.

Hat sich die Persönlichkeit im Kinder- und Jugendalter ungestört entfalten können, so sollte sich jeder, zumindest in weiten Bereichen, seinem Element entsprechend entwickelt haben. Sollten sich größere Abweichungen zwischen Ihnen und dem zugehörigen Element ergeben, so ist dies vermutlich auf ungünstige Erziehungsverläufe oder andere negative Umstände in jüngeren Jahren zurückzuführen.

Der längste und schwierigste Weg ist der zu sich selbst.

Ihr persönliches Element

von - bis	Element	Ausprägung
14.02.1934 - 03.02.1935	Holz	Yang
04.02.1935 - 23.01.1936	Holz	Yin
24.01.1936 - 10.02.1937	Feuer	Yang
11.02.1937 - 20.01.1938	Feuer	Yin
31.01.1938 - 18.02.1939	Erde	Yang
19.02.1939 - 07.02.1940	Erde	Yin
08.02.1940 - 26.01.1941	Metall	Yang
27.01.1941 - 14.02.1942	Metall	Yin
15.02.1942 - 04.02.1943	Wasser	Yang
05.02.1943 - 24.01.1944	Wasser	Yin
25.01.1944 - 12.02.1945	Holz	Yang
13.02.1945 - 01.02.1946	Holz	Yin
02.02.1946 - 21.01.1947	Feuer	Yang
22.01.1947 - 09.02.1948	Feuer	Yin
10.02.1948 - 28.01.1949	Erde	Yang
29.01.1949 - 16.02.1950	Erde	Yin
17.02.1950 - 05.02.1951	Metall	Yang
06.02.1951 - 26.01.1952	Metall	Yin
27.01.1952 - 13.02.1953	Wasser	Yang
14.02.1953 - 02.02.1954	Wasser	Yin
03.02.1954 - 23.01.1955	Holz	Yang
24.01.1955 - 11.02.1956	Holz	Yin
12.02.1956 - 30.01.1957	Feuer	Yang
31.01.1957 - 17.02.1958	Feuer	Yin
18.02.1958 - 07.02.1959	Erde	Yang
08.02.1959 - 27.01.1960	Erde	Yin
28.01.1960 - 14.02.1961	Metall	Yang
15.02.1961 - 04.02.1962	Metall	Yin
05.02.1962 - 24.01.1963	Wasser	Yang
25.01.1963 - 12.02.1964	Wasser	Yin
13.02.1964 - 01.02.1965	Holz	Yang
02.02.1965 - 20.01.1966	Holz	Yin
21.01.1966 - 08.02.1967	Feuer	Yang
09.02.1967 - 29.01.1968	Feuer	Yin

von	bis	Element	Ausprägung
30.01.1968	- 16.02.1969	Erde	Yang
17.02.1969	- 05.02.1970	Erde	Yin
06.02.1970	- 26.01.1971	Metall	Yang
27.01.1971	- 15.01.1972	Metall	Yin
16.01.1972	- 02.02.1973	Wasser	Yang
03.02.1973	- 22.01.1974	Wasser	Yin
23.01.1974	- 10.02.1975	Holz	Yang
11.02.1975	- 30.01.1976	Holz	Yin
31.01.1976	- 17.02.1977	Feuer	Yang
18.02.1977	- 06.02.1978	Feuer	Yin
07.02.1978	- 27.01.1979	Erde	Yang
28.01.1979	- 15.02.1980	Erde	Yin
16.02.1980	- 04.02.1981	Metall	Yang
05.02.1981	- 24.01.1982	Metall	Yin
25.01.1982	- 12.02.1983	Wasser	Yang
13.02.1983	- 01.02.1984	Wasser	Yin
02.02.1984	- 19.02.1985	Holz	Yang
20.02.1985	- 08.02.1986	Holz	Yin
09.02.1986	- 28.01.1987	Feuer	Yang
29.01.1987	- 16.02.1988	Feuer	Yin
17.02.1988	- 05.02.1989	Erde	Yang
06.02.1989	- 26.01.1990	Erde	Yin
27.01.1990	- 14.02.1991	Metall	Yang
15.02.1991	- 03.02.1992	Metall	Yin
04.02.1992	- 22.01.1993	Wasser	Yang
23.01.1993	- 09.02.1994	Wasser	Yin
10.02.1994	- 30.01.1995	Holz	Yang
31.01.1995	- 18.02.1996	Holz	Yin
19.02.1996	- 06.02.1997	Feuer	Yang
07.02.1997	- 27.01.1998	Feuer	Yin
28.01.1998	- 15.02.1999	Erde	Yang
16.02.1999	- 04.02.2000	Erde	Yin
05.02.2000	- 23.01.2001	Metall	Yang
24.01.2001	- 11.02.2002	Metall	Yin

Wenn Erziehung die falschen Weichen stellt

Eine Frau kam vor einigen Jahren in meine Beratung. Sie litt unter Selbstwertzweifeln und ordnete sich in Beziehungen immer fast schon krankhaft unter. Im Verlaufe der Gespräche stellte sich heraus, daß man von Elternseite aus starken Druck auf sie ausgeübt hatte, beispielsweise indem man sie gezwungen hatte, Mädchenkleidung zu tragen, obwohl sie lieber Hosen und Hemden getragen hätte. Hinzu kam, daß man es der Linkshänderin in der Schule strikt untersagt hatte, mit der linken Hand zu schreiben.
Trotz allem schien sie sich zumindest vordergründig normal zu entwickeln. Richtig deutlich wurden ihr die Auswirkungen der inneren Deformationen jedoch erst, als sie mit den Jahren immer wieder merken mußte, daß es ihr nicht gelingen wollte, eine glückliche Partnerschaft zu begründen. Immer wieder gab es Enttäuschungen, nur wußte sie nie so recht warum.

Die Energien und Merkmale der Elemente

Im folgendenden möchte ich Ihnen nun die Charakteristiken der einzelnen Elemente bzw. deren Ausprägung im Persönlichkeitsbild eines Menschen vorstellen.

Holz

Menschen, die dem Element Holz zugeordnet sind, streben von ihrem Wesen her mehr als andere Elemente nach Größe und Kraft. Entschlußfreude, Dynamik, Klarheit im Denken, aber auch Anpassungsfähigkeit und Flexibilität sind ihre vorrangigen Eigenschaften. Problematisch wird es jedoch, wenn sie in ihren Visionen und Träumen durch andere gebremst werden. Ungehaltenheit und Wut sind dann die Reaktion, die Außenstehende manchmal in ihrer Heftigkeit überraschen können. Dies liegt daran, daß sich ein Holz-Typ nach Freiheit, Weite und Selbstverwirklichung sehnt und es haßt eingeengt zu werden.

Farbe:	Grün
Symbole und Form:	hoch, aufrecht, zylindrisch
Himmelsrichtung:	Osten
Jahreszeit, Tageszeit:	Frühling, früher Morgen
Gefühlsqualitäten:	großzügig, tolerant, sehnsüchtig, stark, selten aggressiv, verspielt, stolz, kooperativ, einfühlsam, kühl, Intimität fürchtend, gesellig, idealistisch
Dekorationsstücke:	längliche Accessoires, Kerzenhalter, Holz, Bambus, Korbwaren, Kork, Bücher, Ölgemälde, Skulpturen, knorriges Holz, getrocknetes Gras

Holz im Umfeld stärkt die Identität des Holz-Menschen

Der Holz-Mann ist nicht unbedingt der ideale Partner für eine Frau, die sich eine intensive Zweierbeziehung wünscht. Oft verfechten Holz-Männer radikale Haltungen, an denen sich die Geister scheiden. So auch in puncto Sexualität: Einerseits wünscht er sich geschlechtliche Gleichberechtigung und Experimentierfreude, auf der anderen Seite meidet er allzu große Nähe in einer Beziehung. Nur wenn man ihm genügend Raum läßt, wird er sich auf eine innige Beziehung einlassen können.

Die Holz-Frau ist in der Regel aufgeschlossen und vor Temperament sprühend. Dennoch liebt auch sie ihre Unabhängigkeit. Hinter einer kühlen Schale verbergen sich bei ihr Verletzlichkeit, Einsamkeit und Sehnsucht. Sie möchte geführt und gehalten werden, obwohl sie nach außen ihre Freiheitsliebe zur Schau stellt. Sex wünscht sie sich am liebsten mit Männern, die sie als cool und eher ein wenig distanziert erlebt. Von diesen möchte sie verführt und begehrt werden, solange diese nicht danach trachten, sie zu besitzen. Erfolg suchen Holz-Frauen eher im Beruf als in der Mutterrolle.

Feuer

Es dürfte nicht schwer zu erraten sein, daß sich ein Feuer-Mensch durch einen heißblütigen Charakter auszeichnet. Das heißt, er kann voller überschäumender Romantik in Liebesbeziehungen, voll heißer Glut sein, er kann aber auch leicht in seinen Emotionen über das Ziel hinausschießen. Feuer kann Wärme schaffen, wo Kälte und Feuchtigkeit überwiegen, es kann helfen, Metall zu schmieden und zu gestalten, es kann aber auch etwas verbrennen. Jemand, der dem Element Feuer zugeordnet ist, zeichnet sich meistens durch eine schlanke Figur aus, ist gelenkig. Eine Feuer-Person verfügt über einen durchdringenden Verstand, der sie nach immer neuen Zielen suchen läßt. Ähnlich der Flamme, die mal hierhin, mal dorthin züngelt, ist der Feuer-Mensch oft sprunghaft, was das Zusammensein mit ihm nicht ganz einfach macht. Auch verhindert seine zuweilen flippige Art, eine Sache auch wirklich zu Ende zu bringen; die Leidenschaft erlischt und man wendet sich anderen Zielen zu.

Farbe :	Rot
Symbole und Form:	spitz, scharfkantig, dreieckig
Himmelsrichtung:	Süden
Jahreszeit, Tageszeit:	Sommer, Mittag
Gefühlsqualitäten:	impulsiv, optimistisch, romantisch, begierig, freudig, schnellebig, aktiv, provozierend, leidenschaftlich, eitel, risikofreudig, hartnäckig, kühn
Dekorationsstücke:	Kerzen, Kamin, rote Stoffe, glänzende Kunststoffmöbel, Dreiecktische, verspielte Accessoires aus Plastik

Flammen symbolisieren besonders gut das Feuer-Element.

Der Feuer-Mann kann sich tief in das Herz einer Frau einbrennen. Lebensgier und Enthusiasmus lenken seine Lust in Sachen Liebe. Dabei muß er aufpassen, daß er nicht aus dem Gleichgewicht gerät. Gerade, wenn die Partnerin nicht mit seiner Leidenschaft und seinem Tempo mithält, kann es schnell zu Mißstimmungen kommen. Andererseits kann die Partnerin auch als regulierende und Ich-festigende Instanz für ihn von Bedeutung sein.

Feuer-Frauen sind in der Lage, ihr Bedürfnis nach Lust und Begierde am ehesten zum Ausdruck zu bringen. Allerdings verlieben sie sich nicht selten in einen unpassenden Partner, was verhängnisvoll für sie sein kann, denn ihr Feuer will brennen. Die Feuer-Frau braucht es, frei und erfüllt zu sein. Sie sprüht in der Regel vor Lebendigkeit und ist ohne Mühe in der Lage, in jeder Umgebung den Mittelpunkt darzustellen. Demgemäß will sie oft auch in Partnerschaften das Sagen haben. Bekommt sie jedoch nicht die Hauptrolle, so kann dies leicht zu unübersehbaren atmosphärischen Störungen innerhalb der Zweiergemeischaft führen.

Erde

Menschen, die diesem Element zuzuordnen sind, lassen sich als bodenständige Typen beschreiben. Auf sie ist Verlaß, wobei ihnen damit allerdings auch ein wenig das Spritzige, der Pep im Leben zu fehlen scheint. Dennoch sind sie ein guter Nährboden für andere. Sie überzeugen durch Hingabe und Opferbereitschaft. Natur und Körperlichkeit stehen den Erd-Menschen nahe, ebenso wie ein Hang, Konflikte zu vermeiden, indem sie danach trachten, es den anderen recht zu machen.

Den Erde-Mann zeichnet eine gewisse Zurückhaltung aus. Er ist nicht auf Eroberung aus, sondern möchte entdeckt werden. Als Kompensation zu seiner eher biederen Art läßt er sich häu-

Farben:	Orange-Braun, Gelb
Symbole und Form:	rechteckig, flach, quadratisch
Himmelsrichtung:	Zentrum, Mitte
Jahreszeit, Tageszeit:	Spätsommer, alle Übergänge
Gefühlsqualitäten:	ruhig, manchmal besorgt, vernünftig, sinnlich, naturliebend, eifersüchtig, geduldig, unterstützend, erotisch, zäh, nach innen gewandt, pragmatisch
Dekorationsstücke:	flache Schalen, gelbe Vasen und Teller, Terracotta, gelb-braune Stoffe, Sonne, Fotos mit Licht-, Blitz- oder Sternenmotiven, Prismen, Räucherstäbchen

figer als andere Elemente-Typen auf Affären ein. Wenn er erst einmal in Liebe entflammt ist, läßt er sich davon so schnell nicht mehr abbringen. In heiklen Situationen beißt er eher die Zähne zusammen und wiegt sich selbst in dem Glauben, daß alles in Ordnung sei. Er ist immer für seine Partnerin da; er bietet ihr den haltenden Arm, widmet ihr viel Anteilnahme und Zeit. Es mangelt ihm jedoch an einer gewissen spielerischen Leichtigkeit in Liebesangelegenheiten.

Die Erde-Frau ist meistens überaus sinnlich und macht Natur und Umwelt zu einem Teil ihres Lebensgefühls. Äußerlich kühl und abgeklärt wirkend, ist sie hinter dieser Fassade überaus erotisch, verführerisch und sucht nach intensiven Gefühlen. Problematisch für eine Beziehung wird es regelmäßig dann, wenn die Erde-Frau einen Partner mit allen Mitteln festzuhalten versucht. Aufgrund eines Hanges zur Dominanz fühlen sich Männer durch sie häufig erdrückt und eingesperrt. Im Sex steht die Erde-Frau mehr auf körperbetonte Zärtlichkeit als auf extravagante Stellungen.

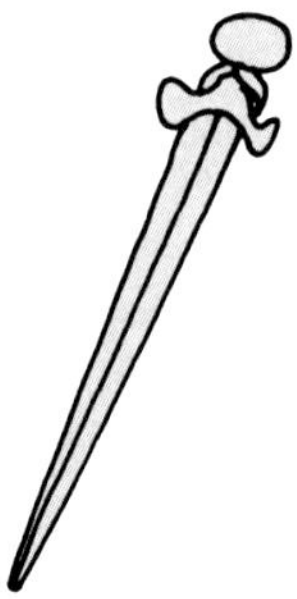

Metall

Äußerlich tendieren Metall-Menschen ein wenig zu geneigtem Rücken und Bauchansatz. Nicht selten sind sie von der Statur her untersetzter als andere Elemente und neigen zu sozialen oder geistlichen Berufen. Dabei überwiegt der Wunsch bei ihnen, nicht nur über Werte wie Moral und Ethik zu sprechen, sondern sie sind tatkräftig bestrebt, derartige Werte in ihrem Umfeld auch zu verwirklichen. So manches Mal kann dies jedoch zwangsläufig zu seelischen Konflikten führen.

Farben:	Weiß, Silber, Grau
Symbole und Form:	rund, oval
Himmelsrichtung:	Westen
Jahreszeit, Tageszeit:	Herbst, früher Abend
Gefühlsqualitäten:	vertrauensselig, melancholisch, innovativ, zwanghaft, zynisch, entschlossen, erfolgreich, stark, initiativ, erotisch, raffiniert, integer
Dekorationsstücke:	alles was aus Metall ist, runde Bilderrahmen, metallene Möbel, durchwirkte Stoffe, Brokat, Bögen, weiße Lilien, Fotografien, Tantra

Metall-Männer sind über alle Maßen von sich selbst überzeugt. Sie sind ehrgeizig, rücksichtslos und meistens auch erfolgreich. Beziehungen gestalten sie so, daß immer sie im Mittelpunkt stehen und es die Frau ist, die zuzuhören und auf ihre Launen einzugehen hat. Andererseits hält es der Metall-Mann auch für eine Selbstverständlichkeit, die nicht hinterfragt werden muß, die Rolle des Ernährers voll und ganz zu übernehmen. Er weiß genau, was er will, und vermittelt der Frau einen gewissen Halt. Selten gesteht er freiwillig Fehler ein. Was den Bereich der Sexualität anbetrifft, kommt er überaus langsam auf Touren. Aus diesem Grunde ist er auch an kurzen Affären kaum interessiert.

Metall-Frauen können, ohne viel dafür zu tun, bei Männern höchste Gefühle an sexuellem Reiz und Anziehung auslösen. Für sie ist es ein unabdingbares Muß, die Prinzipien der Partnerschaft zu bestimmen. Und hierzu gehört es, die Macht, die in der Sexualität steckt, auch auszuspielen. Aufgrund ihres Typs führen Metall-Frauen oft ein Leben für die Karriere, in dem Beziehungen eher wenig Platz finden. Da der Metall-Frau unterschwellig bewußt ist, wie leicht das Feuer der Begierde ein Metall zerschmelzen oder verformen kann, schottet sie sich häufig emotional ab, um ihr Wesen zu schützen. Für die Partnerschaft benötigt sie ein Gegenüber, das ebenso wie sie nach Status, Prestige, Achtung und dann erst nach Liebe und Sex trachtet.

Wasser

Wasser-Menschen verfügen in der Regel eher über einen hageren Körperbau und tendieren vom Wesen her zur „Dünnhäutigkeit". Sie frösteln leicht und sehnen sich nach wärmeren Gefilden. Eigenschaften wie In-sich-ruhen oder Abwarten-können wird man bei ihnen selten finden. Wie das Wasser müssen sie immer in Bewegung sein, was von außen oft als Unruhe wahrgenommen wird. Dafür sind sie kommunikativ, und man findet sie oft in karitativen Berufen.

Der Wasser-Mann liebt bei der Partnerin die äußerlich schöne Erscheinung. Dies mag mit ein Grund dafür sein, daß er sich häufiger, wenngleich dafür auch oberflächlicher verliebt als jeder andere Elemente-Typ. Leicht lenken ihn Genüsse und Einflüsse von seinem Weg des guten Vorsatzes ab. Dabei vermeidet er, so gut es geht, Konflikte und problematische Angelegenheiten. Wie bei einem Clown liegen bei ihm Lachen und Weinen dicht beieinander. Nur selten fühlt er sich angenommen und eingebunden – noch seltener richtig geliebt. Während er für jede Frau die geeignete Rolle zu spielen imstande ist, findet er gleichzeitig nie seinen ureigenen Stil. Vorteilhaft für ihn ist eine erfahrene Partnerin, die bereit ist, ihn durch sämtliche Klippen hindurchzuführen.

Farben:	Blau, Schwarz
Symbole und Form:	unregelmäßig, horizontal
Himmelsrichtung:	Norden
Jahreszeit, Tageszeit:	Winter, Nacht
Gefühlsqualitäten:	ängstlich, bescheiden, flexibel, intuitiv, unbeständig, passiv, unberechenbar, bezaubernd, leicht zu beeindrucken, sensibel, launisch, betörend, heikel
Dekorationsstücke:	Zimmerbrunnen, Aquarien, Gläser, Vitrinen, Seide, Satin, Aquarelle, Steine aus dem Meer, Strandgut, Schiffsmodelle, Bernstein, Eisberge

Die Wasser-Frau kann jede Party durch ihr charmantes, lustiges Auftreten bereichern. Gleichzeitig ist sie im Kern eher unsicher. Vielleicht ist es dieser Teil in ihr, der sie in viele sexuelle Erfahrungen hineintreibt. Während ihr die Männer wegen ihres sanften, bezaubernden Aussehens nachjagen, versucht sie, sich aus allem herauszuwinden. Ihre Verletzlichkeit mag eine Schwäche sein, doch kann ihr Verhalten auch an genau diesem Punkt umschlagen in Angriff. Der richtige Mann muß die Wasser-Frau beschützen und stärken, ihr jedoch gleichzeitig ein hohes Maß an Selbstbestimmung belassen.

Sollten Sie Ihr Wesen anhand der Beschreibung Ihres Elementes nur unzureichend widergespiegelt sehen, so läßt dies nach meiner Erfahrung Rückschlüsse auf eine mögliche zwanghafte Erziehung, aber auch auf falsches Denken über sich selbst zu. Bildhaft ausgedrückt, befindet sich so jemand in einer Art von „Sackgasse", ohne diesen Umstand bisher überhaupt bemerkt zu haben. Nicht selten kommt es dann bei diesen Menschen im Alter zu dem erschreckenden Gefühl, man habe nie richtig gelebt. Je eher man jedoch einen derartigen Umstand erkennt, um so besser.

Krankheiten und soziale Blockaden können aber auch bei einer einzelnen Person entstehen, wenn es innerlich zu einer Elemente-Kollision kommt. Eine entsprechende ungünstige Schwerpunktsetzung kann sich negativ auf einen Menschen auswirken. Hierzu folgendes Beispiel:

Wenn die Elementezuordnung nicht stimmt

„Als Kind mochte ich immer die Farbe Grün ganz besonders, ohne sagen zu können, warum. Außerdem war es mein Ziel, irgendeinen ‚grünen' Beruf wie Förster oder Landwirt zu ergreifen. Dann kamen die langen, harten Jahre der Schulzeit. Jahre, wo ich immer auf mich allein gestellt war und mich durchbeißen mußte. Mit dem Alter schienen sich Geschmack und Vorlieben zu wandeln. Immer mehr tendierte ich zu sozialen, geistigen Tätigkeiten, legte zunehmend Wert auf Gesundheit, liebte Rot und Orange und kleidete mich auch demgemäß. Erst jetzt, wo ich etwas über die Bedeutung der Elemente erfahren habe, wird mir richtig klar, daß mir diese Farben eigentlich gar nicht stehen, denn ich bin ein Holz-Mensch, dem eigentlich Grün zugeordnet ist."

Das Beispiel zeigt klar und deutlich, daß sich der Betreffende über Jahre fremd in seinem eigenen Körper fühlte, Dinge tat, die er im Nachhinein kaum verstand, und sich auch gesundheitlich selten ganz fit fühlte. Leider geschieht dies in unserer immer mehr durchstrukturierten und dennoch verworrenen Welt sehr häufig, wobei die Betreffenden in den seltensten Fällen von sich aus allein in der Lage sind, dies zu erkennen.

Bleiben wir bei dem Beispiel und den darin vorkommenden Farben: Anstatt Rot zu tragen, was Feuer symbolisiert, welches Holz im Zweifelsfall verbrennen kann, wäre Blau eine Farbe gewesen, die gut zu dem Betreffenden gepaßt hätte. Blau als Farbe des Wassers ist in der Lage, Holz zu nähren. Im Gegensatz dazu besitzt Rot (Feuer) eher eine schädigende Wirkung. Blau (und natürlich auch Grün) sind demgemäß Farben, die das Holz-Selbst des Betroffenen unterstützen können.

Zusätzlich hierzu können Sie, wenn Sie wollen, auch noch die Prinzipien von Yin und Yang auf sich selbst, auf Ihre Beziehungen zu anderen Menschen sowie zu Wohnungen oder Häusern berücksichtigen:

Yin und Yang – zwei Seiten einer Medaille

Yin-Aspekte	**Yang-Aspekte**
schwarz, dunkel	weiß, hell
rund	spitz
Erde, Schatten, Nacht, Mond	Himmel, Licht, Tag, Sonne
kontraktiv	expansiv
weiblich	männlich
weich, kalt	fest, heiß
nach unten, nach innen gerichtet	nach oben, nach außen gerichtet
erste Etage, Hausrückseite	Erdgeschoß, Hausvorderseite

Mein Traumpartner: Welche Konstellation ist die beste?

Die fünf Elemente 1. im Schöpfungszyklus (links): Holz nährt Feuer, Feuer nährt Erde, Erde nährt Metall, Metall nährt Wasser, Wasser nährt Holz. – 2. im Zerstörungszyklus (rechts): Holz zerstört Erde, Erde zerstört Wasser, Wasser zerstört Feuer, Feuer zerstört Metall, Metall zerstört Holz.

Nun kommen wir zum Kern des Kapitels: dem Zusammenspiel der unterschiedlichen Elemente. Der folgende Überblick über die Elemente-Konstellationen wird Ihnen einen Eindruck darüber vermitteln, welche Schwächen, aber auch Potentiale die jeweilige Kombination enthält. Insgesamt sind 15 Kombinationen möglich, da jedes Element mit sich, aber auch mit jedem anderen in Beziehung kommen kann.

Vorauszuschicken bliebe noch, daß gleiche Elemente eine hohe Tendenz haben, sich gegenseitig anzuziehen. Außerdem ist es eher wahrscheinlich, daß sich Elemente-Verbindungen ergeben, die sich gegenseitig stärken oder unterstützen. Sollten sich Verbindungen mit störenden Aspekten ergeben, so ist fast immer eine Blockade im lebensgeschichtlichen Entwicklungsprozeß zu finden, die es erstrangig zu beheben gilt.

harmonisch

Wenn Holz und Holz zusammentreffen

Dies ist eine hochaktive und dabei gut passende Kombination. Holz-Menschen sind für gewöhnlich äußerst beschäftigt. Sie mögen es, wenn sie in alles irgendwie involviert sind. Dieser Zug verstärkt sich noch einmal, wenn zwei Menschen dieses Elementes aufeinander treffen. Dann sind sie darüber hinaus bestrebt, an den jeweiligen Interessen des anderen auch noch teilzuhaben. Jeder kann den anderen auf seinem Karriere-Weg unterstützen. Für Außenstehende kann das Tempo der Aktivitäten einer reinen Holz-Partnerschaft völlig überfordernd erscheinen, doch für die Betroffenen selbst ist das eher eine Methode, um aufzublühen und Kräfte zu entwickeln. Holz-Menschen sind selbstsichere Individuen, die anderen großes Vertrauen entgegenbringen, ohne großartig darüber sprechen zu müssen.

Negativ ist jedoch anzumerken, daß Holz-Menschen nur schwer über ihre Gefühle reden können, was die Beziehung leicht in Schräglage versetzen kann. Auch der Wunsch nach sehr viel Romantik kann mit der Zeit zu einem Problem werden, denn nur selten ist das hohe Ideal anfänglicher Verliebtheit und Romantik dauerhaft aufrechtzuerhalten. Häufige Ausflüge ins Grüne sind im Grunde genommen ein Muß, einerseits um die eigenen Batterien wieder aufzuladen, andererseits um das gemeinsame und verbindende Erleben zu steigern. Anzuraten sind in diesem Zusammenhang Camping- oder Wanderurlaube, Fahrten mit Wohnmobil etc. Bei der Einrichtungsgestaltung sollten Sie darauf achten, neben den Hauptfarben hie und da etwas in Gold oder Messing einzubinden: als Skulptur, Wandbild oder auch als Fäden in der Bettwäsche.

Wenn Holz und Feuer zusammentreffen

kompliziert

In diesem Fall handelt es sich um eine nicht ganz optimale Kombination, denn Feuer kann die Energien von Holz unter Umständen erschöpfen, während Holz in die Rolle gelangt, unterstützend zu wirken. Sie und Er sind dabei optimistische Menschen, die ihr Leben nach außen gerichtet sehen wollen und Spaß daran haben, neue Ideen und Konzepte auszuprobieren. In festen Partnerschaften gibt Holz dem oft zu impulsiven Feuer das notwendige Maß an Stabilität. Energie und Enthusiasmus der Feuer-Person können motivierend auf den Holz-Typ wirken und diesen zu größerem Ehrgeiz anregen.

In der Liebe ist es insbesondere die Aufgabe von Holz, den anderen in Stimmung zu bringen und die Lust auch über längere Zeiträume aufrecht zu erhalten. Feuer tendiert manchmal zu Übersprungshandlungen, was das Holz überfordert. Beide sollten sich absprechen, was man in der Sexualität leben möchte. Ansonsten könnte es zwischen dem Bedürfnis nach Sinnlichkeit (Holz) und dem Hang zu Begierde und Lust (Feuer) auch schon mal zu Problemen kommen, die sich mittelfristig ernüchternd auf die Partnerschaft auswirken können.

Wenn Holz und Erde zusammentreffen

kompliziert

Auf den ersten Blick eine günstige Paarbeziehung, genauer betrachtet jedoch eher problematisch. In der Natur entzieht das Holz der Erde das Wasser, es trocknet sie sozusagen aus und schädigt sie damit. Erde besitzt Eigenschaften wie Beständigkeit, Vorsicht und Innerlichkeit, während dem Holz-Typus Expansivität, Progressivität und Geselligkeit zuzuordnen sind. Solange sich beide zurücknehmen und es zu ihrem Ziel erklären, den anderen zu unterstützen und die eigenen Gefühle offen anzusprechen, kann die Beziehung funktionieren. Nur leider werden sich wahrscheinlich sehr schnell Zank und Streit einstellen. Um die Ungleichgewichte wieder in Balance zu bringen, sollten Aspekte des Feuer-Elements in die Wohnungseinrichtung eingebracht werden (z.B. rote Kerzen).

Im Sexuellen kann es insofern zu Problemen kommen, als sich Erde-Menschen tief in sich zurückziehen können, während Holz-Menschen eher zeigen wollen, was in ihnen steckt. Wenn es Holz allerdings gelingt, sich mit dem biederen Starrsinn von Erde zu arrangieren, können beide zu einem Miteinander gelangen, das von erotischer Seligkeit geprägt ist. Holz kann und muß sich den Stimmungen von Erde anpassen, um eine lange, glückliche Beziehung zu begründen, sonst wird ein gegenseitiges Bekämpfen wahrscheinlich.

riskant

Wenn Holz und Metall zusammentreffen

Hierbei handelt es sich um eine recht ungünstige Beziehung, da beide Partner aufgrund ihres Naturells versuchen werden, zu dominieren. Besonders in Konfliktsituationen werden sie unerbittlich behaupten, daß jeweils der eigene Weg genau der richtige ist, um eine Sache anzupacken. Vom Ansatz her wird Holz das gemeinsame Erleben, das Humanitäre, die Verständigung suchen, während Metall die Wahrung von Autonomie und das eigene ehrgeizige Vorwärtskommen in den Mittelpunkt stellt. Zwangsläufig werden daraus Phasen an Einsamkeit resultieren, die vor allem in dem nach Geselligkeit strebenden Holz Enttäuschung und Frustration auslösen.

Überträgt man einmal die Symbolik der Elemente Holz und Metall auf die Realität, so spaltet die eiserne Axt ein Stück Holz, sägt die metallene Kettensäge einen Baum ab und ist ein einzelner Zinknagel, achtlos in einen Stamm geschlagen, in der Lage, den Baum sterben zu lassen. So gesehen ist es für Metall-Menschen in einer derartigen Konstellation ganz besonders wichtig, sich ihrer Verantwortung und ihrer Macht bewußt zu sein. Sie können lernen, Achtsamkeit und Milde zu entwickeln. Die Holz-Menschen hingegen müssen erkennen, daß sie sich notfalls auch in Beziehungen einmal schützen müssen, um nicht in ihrem Selbst zerstört zu werden. Wenn sich Metall zurücknimmt und auf die Ideen von Holz eingeht, kann die Partnerschaft funktionieren. Sie muß aber jeden Tag neu belebt werden.

Was den Sex anbetrifft, so wird es auch in diesem Bereich nie so ganz ohne Komplikationen gehen. Da die Farbe Blau innerhalb einer Metall-Holz-Beziehung harmonisierend und hilfreich wirken kann, sollten Sie z.B. für Ihr Schlafzimmer Blautöne verwenden, die den Energiefluß zwischen den Geschlechtern verbessern. Blau ist auch die Farbe des Wassers. Aus diesem Gesichtspunkt heraus wäre es ratsam, Urlaube an Gewässern zu planen und/oder sich einen Zimmerspringbrunnen anzuschaffen. Auch ansonsten kann Wasser belebend wirken. Eine Dusche vorweg, ohne sich abzutrocknen, zählt hierzu genauso wie Sex in der Badewanne. Und denken Sie daran: die Beziehung kann nur dann lebendig bleiben, wenn beide Seiten bereit sind, zu geben und zu nehmen.

Wenn Holz und Wasser zusammentreffen

harmonisch

Wenn beide Elemente-Typen in der Lage sind, gemäß ihren Energien zu leben, handelt es sich hier um eine positive Verbindung. Das bedeutet konkret, daß das Wasser-Element den Holz-Partner nährt und unterstützt, auf daß dieser wächst und gedeiht. Natürlich darf man diesen Prozeß nicht als Sklaven-Arbeit verstehen. Ein innerliches Wehren gegen die karmische Aufgabe kann zu Destruktivität und Störung führen. Wasser gibt an Holz auch ein gewisses Maß an Mitgefühl weiter, was zu einer klareren Entwicklung der eigenen Persönlichkeit führen kann.

Wasser gibt Holz seinerseits Halt und Stabilität. Durch Holz erlangt Wasser ein Gespür für den Sinn des Lebens. So können sich beide durch ein unsichtbares Band auf intuitiver Ebene verbunden fühlen, was schließlich für beide Seiten nährend und förderlich ist. Erst langsam gewinnt eine derartige Verbindung an Boden und Kraft. In Bezug auf gelebte Sexualität passen die beiden Elemente-Typen gut zueinander. Beide leben aus einer gewissen unterkühlten Energie heraus. Der Holz-Partner kann loslassen, wenn er in den eher zurückhaltenden Armen von Wasser liegt; Wasser wiederum kann sich treiben lassen, da Holz nur selten Druck ausübt.

Im Bett wird Wasser eher den untergeordneten Part spielen und sich den Bedürfnissen des Holz-Partners anpassen. Hier hat Holz die Hauptverantwortung, wenn es darum geht, liebevoll zu führen. Bei einsetzender Langeweile würde es sich anbieten, dieser Konstellation das Element Metall hinzuzufügen, etwa in Form einer tantrischen Figur aus Kupfer, oder Sie tapezieren die Schlafzimmerdecke mit einem Sternenhimmel. Auch silberne Fäden über ein Foto an der Wand gehängt erfüllen diesen Zweck.

Wasser nährt Holz - in der Natur wie in der Partnerschaft.

Wenn Feuer und Feuer zusammentreffen

harmonisch

Menschen, die im Zeichen des Feuer-Elements geboren sind, sind enthusiastisch, positiv, leidenschaftlich und immer auf der Suche nach neuen, starken Gefühlen. Leider entwickelt sich aus zu viel Feuer leicht ein Steppenbrand, der nur schwer wieder einzudämmen ist und viel verkohlte Erde hinterlassen kann. Feuer-Menschen neigen dazu, sich schnell zu verlieben. Nur benötigt ihre Lust immer wieder neue Nahrung. Außerdem können ihre Sturheit und Ungeduld zu Problemen führen.

Im besten Falle kann sich aus zwei Feuer-Typen eine sehr starke Partnerschaft entwickeln, wobei jeder den anderen in seiner Aktivität und Leidenschaft noch mehr stärken kann. In ihrem Streben nach ständig neuen sexuellen Erfahrungen liegt aber eine gewisse Gefahr. Damit der Sex zwischen den beiden an Sinnlichkeit gewinnt, sollten Aspekte des Elements Erde in das Wohnumfeld aufgenommen werden, z.B. rechteckige, liegende Formen in Gelb oder Orange, eine Schale mit Strandsand aus dem letzten Urlaub oder Fotos von unterirdischen Gängen.

Wenn Feuer und Erde zusammentreffen

harmonisch

Eine derartige Beziehung wird harmonisch verlaufen, da sich die beiden Partner gegenseitig stimulieren und anheizen. Die exzellente Phantasie des Feuers, gepaart mit der Sensitivität der Erde, bildet die Grundlage dafür, daß die Lust Zeit ihres Lebens Bestand hat. Dunkle Wolken können am Himmel der Liebe nur dann aufziehen, wenn es dem Feuer-Partner mit der Zeit frustrierend erscheint, daß der etwas trockene, konservative Partner mit dem eigenen Tempo nicht Schritt hält.

Beim Sex ist es für Feuer wichtig, Aspekte des Verbotenen zu erleben. Feuer will führen und doch ist es froh, wenn der Erde-Partner die Richtung weist. Gemieden werden sollte innerhalb dieser Konstellation alles, was mit Wasser zu tun hat. Der Feuer-Partner sollte außerdem seine Energien dazu nutzen, um mit der Hilfe von Erde mehr Tiefe in seine Sexualität zu bringen.

kompliziert

Wenn Feuer und Metall zusammenkommen

Stellen Sie sich einmal die Situation in einer Schmiede vor. Hier sorgt Feuer dafür, daß Metall formbar wird, gleichzeitig aber auch dafür, daß es härter und widerstandsfähiger wird. Was vordergründig als naturgegeben erscheint, gilt im Feng Shui eher als unsägliche Allianz. Menschen, die unter dem Element des Metalls geboren sind, werden in der Regel versuchen, ihren Willen dem Feuer-Typus aufzuzwingen, was jedoch zu äußerst destruktiven Sequenzen führen kann. Andersherum trachtet das Ego der Feuer-Person danach, Metall zu verformen, was nie als angenehmer Prozeß erscheinen wird. Zum Glück verfügen beide Parteien über einen gesunden Humor, welcher geeignet ist, noch der schlimmsten Entwicklung die Spitze zu nehmen. Günstig wirkt sich der Einfluß des Erde-Elements aus, um die negativen Effekte dieser Konstellation zu neutralisieren.

Bei genügend Anteilnahme und Rücksicht kann sich zwischen Feuer und Metall eine hoch dynamische Beziehung entwickeln, besonders wenn Sie vor dem Sex miteinander reden und das Spielerische nie ganz vergessen. Und manchmal hilft es auch, wenn Sie neben dem Bett eine Schale mit saftigen Früchten stehen haben, um den Kontakt zum Sinnlichen nicht gänzlich zu verlieren.

riskant

Wenn Feuer und Wasser zusammentreffen

Diese Kombination läßt die meisten Probleme unter allen möglichen Konstellationen erwarten. Wasser ist in der Lage, Feuer zu löschen, andererseits kann jedoch auch Feuer dem Wasser den Garaus machen. Aus psychologischer Sicht trifft hier die romantisch-anspruchsvolle Leidenschaft des Feuers auf die sensibel-kühle Empfindsamkeit des Wassers. Und obwohl beide Seiten von Haus aus in der Lage sind, gut zu kommunizieren, wird es ihnen dennoch nur schwerlich gelingen, ihre tiefsten Empfindungen dem anderen zu vermitteln. Äußerst viel Wert muß auf verbindende Gespräche gelegt werden. Außerdem ist bei jeder wichtigen Handlung tunlichst darauf zu achten, daß keiner der beiden darunter zu leiden hat.

Neben der riskanten Seite birgt diese Beziehung jedoch auch einiges an förderlichen Qualitäten. So wird das oft einseitig auf Enthusiasmus und Energie ausgerichtete Feuer durch die Kreativität und Phantasie von Seiten des Wasser-Partners ergänzt. Und je besser sich Wasser auf Tempo und Experimentierfreude von Feuer einzustellen vermag, um so weniger muß es seine Bedürfnisse und Probleme verbergen. Aber jeder Tag kann neue Hindernisse auftürmen, und die Gefahr des Auseinanderlebens ist rasch gegeben. Hilfreich ist es, Dekorationsstücke und Aspekte des Elementes Holz in die Wohnung zu integrieren.

Wenn Erde und Erde zusammentreffen

harmonisch

In dieser Konstellation treffen sich zwei Menschen, die wie füreinander bestimmt sind. Beide wird ein hohes Maß an Sinnlichkeit, Geduld, Einfühlsamkeit, Naturliebe, aber auch Pragmatismus verbinden. Jeder wird intuitiv in der Lage sein, zu spüren, was das Gegenüber möchte, wo etwas fehlt oder auch wohin „die Reise" gehen soll. Manchem Außenstehenden wird eine derartige Verbindung womöglich als oberflächlich und langweilig erscheinen, aber in Wirklichkeit steckt viel Tiefe, Stärke und auch Leidenschaft in dieser Konstellation. Eine gewisse Schwäche kann allerdings in zuviel Gleichheit und Einklang liegen; manchmal auch in dem übergroßen Wunsch, so oft es geht gestreichelt, berührt oder umarmt zu werden. Kommt der andere diesem Wunsch nicht nach, so kann die gesamte Situation leicht in Streit umschlagen. Gut ausgetragener Streit besitzt jedoch auch wiederum die Chance, die Gefühle füreinander neu zu entflammen, negative Energien zu verbrennen und der Partnerschaft frische Impulse zu geben.

Gut tut es einer Erde-Erde-Verbindung, nie zu vergessen, daß zu einem ganzheitlichen Leben neben Verständnis und Sinnlichkeit auch Verspieltheit, Spontaneität und gelegentlich auch mal etwas Verrücktes zu tun gehören.

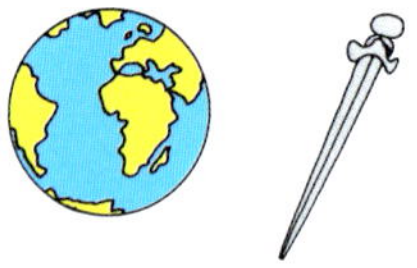

harmonisch

Wenn Erde und Metall zusammentreffen

Eine hervorragende Verbindung, da beide Partner den jeweilig anderen akzeptieren und unterstützen werden. Vergegenwärtigen Sie sich einmal, in welcher Beziehung Erde und Metall in der Natur stehen: Erde birgt das Metall in sich. Metall schlummert unendlich lange Zeit in der Erde, bevor es daraus hervorgebracht wird. Hieraus leitet sich für derartige Beziehungskonstellationen zweierlei ab: Erde hat die Verantwortung dafür, daß sich Metall geborgen fühlt und entwickeln kann. Metall wiederum kann die manchmal etwas trockene Erde durch Zielstrebigkeit, Ehrgeiz und sexuelle Kraft anregen – etwa wie der Pflug des Bauern, der den Boden für die Saat bereitet.

Erde-Metall-Paare stellen häufig materielle Werte in den Mittelpunkt, statt ihre Energie in Richtung Sinnlichkeit zu lenken. Sorgen Sie deshalb dafür, daß das Feuer immer geschürt bleibt. Ähnlich den verborgenen Vorgängen im Erdinneren, wo durch Hitze und Glut Erde und Metall miteinander verschmelzen, liegt auch hier das eigentliche Potential dieser Kombination: Nach außen mögen Kühle und Einfachheit vermutet werden, innerhalb der Beziehung kann jedoch ein Vulkan der Gefühle entstehen.

Wenn Erde und Wasser zusammentreffen

kompliziert

Eine Partnerschaft wird sich zwischen diesen beiden Elementen in der Mehrzahl der Fälle äußerst schwierig gestalten, insbesondere deshalb, weil jeder den anderen auf seine Weise in seinen Gefühlen leicht verletzen kann. Werfen wir einen Blick in die Natur. Hier ist das Wasser in der Lage, fruchtbare Erde wegzuspülen und damit zu vernichten. Andererseits kann Erde Wasser zum Versiegen bringen.

Allerdings gibt es auch die Chance für ein optimales Gleichgewicht. Zwischen Erde und Wasser besteht ein diffiziles Geflecht aus Geben und Nehmen, jedoch können selbst kleinste Störungen bereits große Auswirkungen nach sich ziehen. Erde-Menschen suchen im Leben wie in der Liebe nach Sinnlichkeit, Verläßlichkeit und Beständigkeit – Qualitäten, denen Wasser-Menschen eigentlich kaum entsprechen können. Ihnen ist mehr das Wechselhafte und Bewegliche zuzuordnen. Ganz wichtig ist es, daß sich beide Partner über Gefühle, Bedürfnisse und die Beweggründe ihres Handelns unterhalten. Hilfreich ist es, die Energien des Elements Metall in den Alltag zu integrieren, um mögliche Probleme zu neutralisieren.

Wenn Metall und Metall zusammentreffen

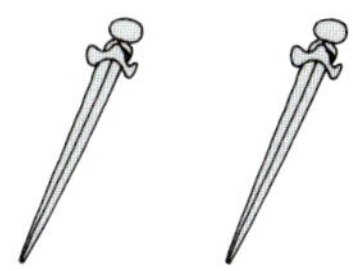

harmonisch

Eine günstige Verbindung, zumal beide Partner die Fähigkeit besitzen, den anderen zu verstehen. Beide begreifen das Auf und Ab, dem jede Beziehung unterworfen ist, erst einmal als Chance, an der Partnerschaft zu arbeiten.

Für Außenstehende mag diese Beziehung nicht sehr eng und innig erscheinen, da man jeden der beiden Partner oft eigene Wege gehen sieht. Doch dieser Umstand ist nur äußerer Ausdruck ihres Wesens und läßt keinen Rückschluß auf die Beziehung selbst zu, denn gerade solche Menschen sind in der

Lage, eine starke, dauerhafte Gemeinschaft zu begründen, insbesondere dann, wenn beiden genügend Autonomie eingeräumt wird. Und dies ist nicht nur auf den Lebensalltag, sondern gerade auch auf die Sexualität zu übertragen. Da allerdings können dann auch schon mal die Funken stieben.

harmonisch

Wenn Metall und Wasser zusammentreffen

Diese Paarung bildet zumindest tendenziell eine recht gute Verbindung, in der sich beide Partner tolerieren und oft auch gegenseitig helfen. Die Partnerschaft ist bestimmt durch ein harmonisches Miteinander und intuitive und gefühlsmäßige Anteilnahme. Metall wird den Wasser-Partner lehren, sich nicht von jedem und allem beeinflussen zu lassen. Wasser hat hingegen die Fähigkeit, dem Partner dabei behilflich zu sein, seine Gefühle mehr zum Ausdruck zu bringen und sich mehr dem Fluß des Lebens hinzugeben, anstatt zu sehr mit dem Alten verhaftet zu sein.

Betrachten wir Metall und Wasser in der Natur, so wird eine gewisse Ambivalenz deutlich: Wasser, obwohl so weich und schwach, kann leicht die Oberhand über Metall erlangen, indem es z.B. Metall freilegt (wie beim Goldschürfen in einem Bach) oder sogar zu seiner Zerstörung beiträgt (wie beim Rostansatz). Hieraus leiten sich als Gefahren für solche Beziehungen schnell aufbrausende Streitereien wie auch seelische Verletzungen ab. Allerdings werden die positiven Aspekte bald wieder die Oberhand erlangen.

Zum Glück wohnt beiden Elementen der Wunsch inne, nach starken Emotionen zu suchen und Herausforderungen nicht aus dem Weg zu gehen. So betrachtet bietet diese Paarung die Grundlage für eine abwechslungsreiche Partnerschaft, in der auch der sexuelle Bereich einen festen Platz einnehmen wird.

Voraussetzung dafür ist allerdings, daß der Metall-Partner nicht zu schnell vorgeht und dem Wasser seinen ruhigen Fluß läßt. Gedankt wird ihm dies dadurch, daß das Wasser imstande ist, die geheimsten sexuellen Wünsche freizusetzen.

So fühlen sich zwei Wasser-Typen am wohlsten.

Wenn Wasser und Wasser zusammentreffen

Das Verschmelzen dieser beiden Elemente kann zu einem tiefen Gefühl führen. Beide Seiten entwickeln sehr schnell ein starkes Hingezogensein zum anderen und erspüren auch ohne Worte sämtliche Sorgen und Nöte des anderen. Zielvorstellungen und Lust orientieren sich dabei weniger am Träumerischen sondern mehr am Realen.

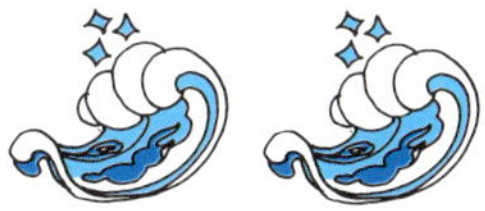

harmonisch

Probleme kann es lediglich dann geben, wenn sich beide Partner in einem Strudel von Launenhaftigkeit verlieren. Gewässer würden sich auflösen, gäbe es kein Ufer, das sie in Bahnen hält. Sorgen Sie deshalb unbedingt für eine klar geglie-

Elemente-Konstellationen in der Übersicht

Element 1	Element 2	Qualität	Ausgleich durch
Holz	Holz	harmonisch	–
Holz	Feuer	kompliziert	Wasser
Holz	Erde	kompliziert	Feuer
Holz	Metall	riskant	Wasser
Holz	Wasser	harmonisch	–
Feuer	Feuer	harmonisch	–
Feuer	Erde	harmonisch	–
Feuer	Metall	kompliziert	Erde
Feuer	Wasser	riskant	Holz
Erde	Erde	harmonisch	–
Erde	Metall	harmonisch	–
Erde	Wasser	kompliziert	Metall
Metall	Metall	harmonisch	–
Metall	Wasser	harmonisch	–
Wasser	Wasser	harmonisch	–

derte Wohnumgebung. Dies hilft, den Alltag hinter sich zu lassen und das notwendige Maß an Orientierung zu erhalten. Gefährlich ist ein übergroßer Hang zu allem, was mit Feuer zusammenhängt (Kamin, rote Tapeten etc.). Dies kann die Kraft des Wassers negativ beeinträchtigen. Ansonsten wird sich Ihre Partnerschaft nach einer anfänglichen Orientierungsphase entwickeln wie ein junger Bach, der allmählich aus einem unscheinbaren Rinnsal heraus erwächst. Mal werden die ersten Tropfen hierhin, mal dorthin vorspüren, ehe die Kraft des nachströmenden Wassers dem gesamten Prozeß eine Richtung verleiht.

Wenn zwei Elemente nicht zueinander passen

Im vorangegangenen Kapitel haben Sie sich bestimmt an vielen Stellen wiedergefunden und typische Muster von sich in Alltagshandlungen mit einem Schmunzeln erkannt. Nun kann es aber auch sein, daß Sie sich kaum wiederfinden konnten; daß Sie zwar die Sie betreffende Partnerkonstellation gefunden und studiert haben, jedoch zu der Annahme kamen: „Das trifft doch überhaupt nicht auf uns zu."

In einem derartigen Falle wäre es ratsam, sich einmal kritisch mit der Lebensgeschichte beider Partner auseinanderzusetzen, da zu vermuten ist, daß in der Vergangenheit manches schiefgelaufen ist, was einen oder beide von Ihnen verformt hat. Nach außen scheint die Welt in Ordnung, nach innen stimmt oft ganz vieles nicht. So versuchen wir, als „verbogene" Persönlichkeiten unseren Weg durchs Leben zu gehen. Es ist uns unmöglich, uns gemäß unserem Element, gemäß unserer eigentlichen Bestimmung zu entwickeln. Und dann treffen wir auf ähnlich „verbogene" Menschen. Was aber soll erst aus zwei problembeladenen Individuen werden, wo einer allein schon genügend Schwierigkeiten mit sich selbst hat?

Nun mögen Sie sich an diesem Punkt fragen, was Sie machen können, um Ihrem eigentlichen Selbst nahezukommen. Dies ist ab jetzt, wie ich finde, gar nicht mehr so schwer.

Sie haben bisher eine ganze Menge an Hinweisen darüber erhalten, wie Sie Ihr Element stärken können. Durch die Beeinflussung und Umgestaltung Ihres Umfeldes mit Hilfe von Farben, Möbeln, Formen und Dekorationen können Sie einen unmittelbaren Einfluß auf Ihre Psyche ausüben. Dies sollten Sie nun Schritt für Schritt tun, wobei Sie auch in den nächsten Kapiteln noch eine Reihe von Anregungen finden werden.

Die Bagua-Analyse für Liebende

„Ideale Partner sind ein reines Phantasieprodukt. Ein glückliches Paar wächst erst zusammen durch die Überwindung von Widerständen."
(Margo Anand, 1990)

In diesem Kapitel möchte ich Ihnen eine Methode zur Analyse von Raumqualitäten vorstellen, die sogenannte Bagua-Technik. Mit ihrer Hilfe werden Sie eine Vielzahl von Tips an die Hand bekommen, um Ihr Leben ganzheitlicher werden zu lassen und es gemäß Ihren Wünschen nach Intimität und Miteinander zu beeinflussen. Darüber hinaus werden Sie auch noch eine ganze Menge über sich selbst herausfinde.

Foto links: Das Wohnzimmer, ein Ort zum Entspannen und Wohlfühlen. Die Gestaltung dieses Raumes hat erheblichen Einfluß auf die Entwicklung einer Partnerschaft.

Grundlagen des Bagua

Auf den ersten Blick handelt es sich beim Bagua um eine Matrix, bestehend aus neun Sektoren, die zu drei Dreierreihen untereinander angeordnet sind. Jedem dieser Sektoren entsprechen unsichtbare Energieströme, die in Analogie zu den neun Hauptbereichen des Lebens stehen. Das Ziel ist nun, mit Hilfe der Bagua-Technik Wohnungen zu analysieren, um Rückschlüsse auf Wesenszüge und Problembereiche seiner Bewohner zu erhalten.

Eigentlich handelt es sich hierbei um ein ganz einfaches Verfahren, und doch erlaubt es mit zunehmender Beschäftigung immer komplexere Einsichten. Manchmal lassen sich an kleinsten Dingen sogar tiefverwurzelte Lebensmuster erkennen. Zum Einstieg in das Bagua-Verständnis reicht es aus, zu wissen,

Die neun Energiebereiche des Bagua

Wohlstand Segen	Ruhm Selbstvertrauen	Ehe Beziehungen
Familie Gesundheit	Mitte Energiezentrum	Kinder Kreativität
Fachliches Wissen Spiritualität	Karriere Lebensweg	Hilfreiche Freunde Schöpfungskraft

daß jeder der neun Sektoren ganz bestimmte Bereiche des Lebens repräsentiert – oder anders ausgedrückt: Das Bagua ist so etwas wie eine Landkarte, ein Schema, mit dessen Hilfe wir Häuser, Räume, aber auch Gärten und selbst Schreibtische oder das Innere von Schränken nach einem ganz bestimmten Prinzip analysieren können.

Die Bagua-Schablone mit den neun Lebensbereichen oder -zielen.

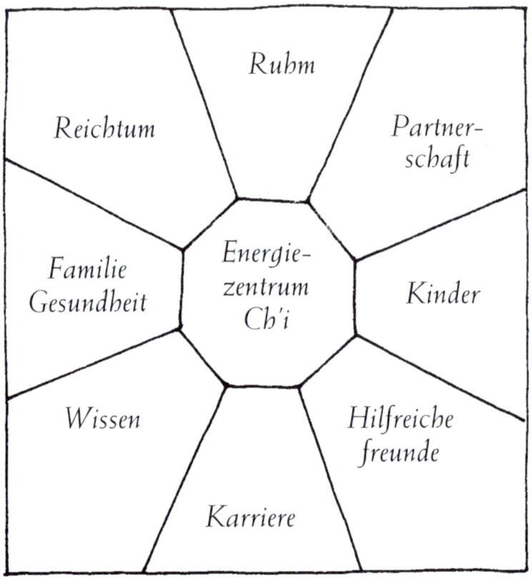

Um jetzt gleich ein wenig Praxis zu bekommen, sollten Sie sich ein Stück Klarsichtfolie etwa im Din A 4-Format besorgen und einen wasserresistenten Stift, mit dem Sie auf dieser Folie nebenstehende Skizze anfertigen. Hierzu erstellen Sie zuerst in der Mitte der Folie ein gestricheltes Achteck, welches das Energiezentrum darstellen soll. Danach ziehen Sie von jeder Ecke eine gestrichelte Linie in die entsprechende Richtung bis zum Rand der Folie. Auf diese Weise erhalten Sie um die Mitte herum acht Sektoren, wobei jeder für sich eine bestimmte energetische Qualität besitzt.

Wenn Sie die Schablone erstellt haben, so legen Sie diese auf den Grundriß Ihrer Wohnung und zwar so, daß die Seite, die der Karriere zugeordnet ist, immer auf derjenigen Seite liegt, wo sich die Haustür befindet. Für den Grundriß benötigen Sie nicht unbedingt eine Kopie des Bauantrages. Zeichnen Sie einfach eine Skizze, in die Sie die Außen- und Innenwände sowie die Türen und Fenster eintragen.

Am günstigsten ist es, wenn das Haus in etwa einen quadratischen Grundriß besitzt, denn dann ist die Möglichkeit gegeben, daß sich alle Lebensbereiche innerhalb einer Wohnung ausgeglichen entwickeln können. Weitaus ungünstiger ist eine Wohnung, deren Grundriß an einer oder an mehreren Stellen Einbuchtungen aufzeigt. In einem solchen Fall stellt man sich zu Analysezwecken den Grundriß zu einem Quadrat oder Rechteck ergänzt vor, um mögliche Fehlbereiche erkennen zu können. Im Beispiel, das die Grafik auf S. 84 darstellt, fehlen z.B. Teile der Zonen, die für hilfreiche Freunde bzw. Ehe und Partnerschaft stehen. Diese Zonen liegen quasi außerhalb der Wohnung. Das bedeutet, daß deren Bewohner wahrscheinlich zu diesen Lebenszielen ein gestörtes oder womöglich gar kein Verhältnis haben. Die fehlenden Bereiche müssen dann durch Accessoires oder Hilfsmittel im Garten stimuliert werden.

Aber es muß gar nicht einmal so sein, daß am Wohnungsgrundriß baulich etwas auszusetzen wäre. In den meisten Fällen läßt sich beobachten, daß bestimmte Zonen in einer Wohnung nicht den gleichen Stellenwert besitzen, wie andere. Einen Bereich zu vernachlässigen, birgt die Gefahr in sich, das entsprechende Lebensziel nicht zu erreichen.

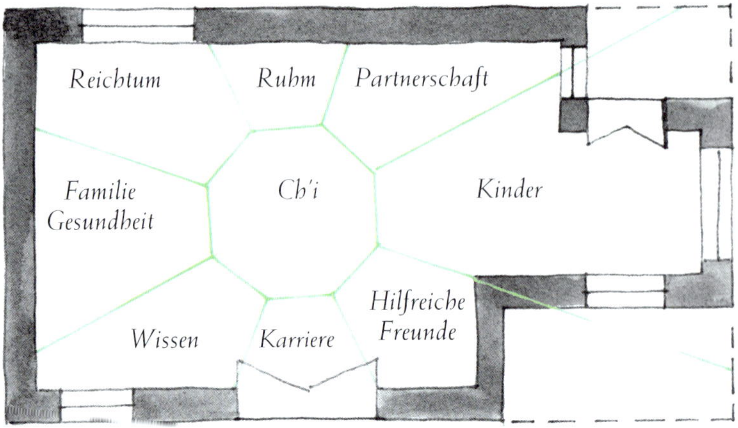

Die Bagua-Schablone wird so über den Grundriß gelegt, daß die Haupteingangstür im Karriere-Sektor liegt.

Die Bereiche des Bagua

Grundsätzlich sollten alle neun Sektoren innerhalb einer Wohnung gut aktiviert werden, um ein erfülltes Leben zu ermöglichen. Bedeutung und Nutzen der neun Bereiche ergeben sich dabei im Grunde genommen bereits aus den Benennungen. Dennoch möchte ich die einzelnen Bereiche nachfolgend kurz erklären:

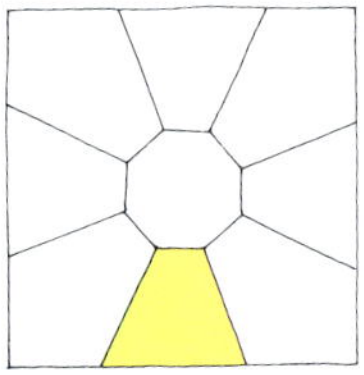

Karriere: In der Vielzahl der Fälle findet sich hier die Eingangstür. Dies bedeutet, daß hier besonders viel Ch'i einfließen sollte, um unseren beruflichen wie geistigen Fortschritt zu gewährleisten. Gleichzeitig hat diese Zone im besten Fall die Kraft, sich klärend auf unseren Lebensweg auszuwirken. Aus diesem Grunde sollte hier wenig Unordnung durch Schuhe und Garderobe herrschen, um das Ch'i nicht zu behindern oder zu beschmutzen. Karriere steht in Analogie zum Element Wasser, das vorwärtsfließen möchte.

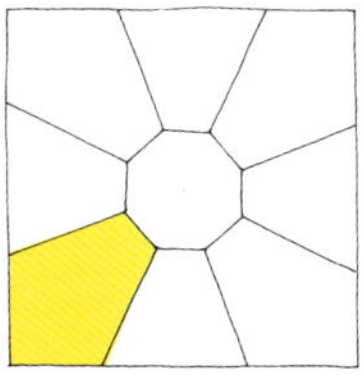

Wissen/Spiritualität: Diese Zone soll uns anregen, uns zu bilden, um den Geist jung zu erhalten, aber auch in uns hineinzuhorchen, um dadurch Weisheit, Intuition und Einsicht zu mehren. Dieser Sektor des Bagua ist dem Element Erde zugeordnet.

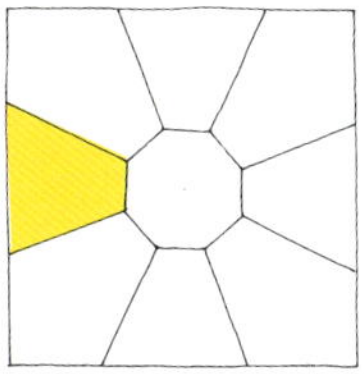

Familie/Gesundheit: Hier liegt ein wesentlicher Bereich im Hinblick auf unser Thema, denn eine intakte Familie schafft die Grundlage für Gesundheit und Zufriedenheit der einzelnen Mitglieder. Dieser Sektor sollte frühlingshafte Aufbruchstimmung abstrahlen. Achten Sie darauf, daß in dieser Zone nie „dicke Luft" herrscht. Streit ist in Ordnung, aber nur dann, wenn er die Luft reinigt und wieder für gute Energien sorgt. Unterstützt wird diese Zone durch das Holz-Element.

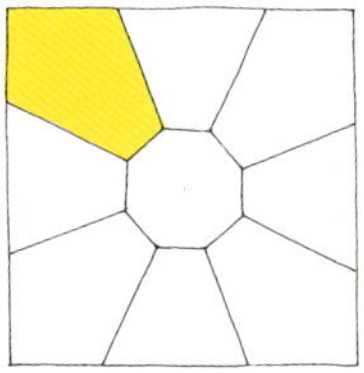

Wohlstand/Segen: Von der Eingangstür aus gesehen findet sich links hinten in der Wohnung die Reichtumsecke. Neben dem finanziellen Reichtum geht es hier allerdings auch um Aspekte wie Lebendigkeit und Abwechslung im Leben. Dennoch läuft heutzutage ohne Geld so gut wie gar nichts mehr. Sorgen Sie dafür, daß die äußere Haut Ihrer Wohnung intakt ist. Hier sollten weder gebrochene Scheiben noch Risse in den Wänden oder gar undichte Hintertüren zu finden sein, denn sonst wird Ihnen das Geld immer wieder schnell wegfließen. Achten Sie auch auf Ordnung und Sauberkeit in dieser Ecke, die in Bezug zu den Elementen Wasser und Holz steht.

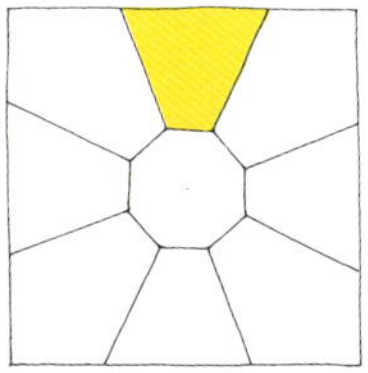

Ruhm: Die Zone, die dem Haupteingang quasi gegenüber liegt, repräsentiert das Thema „Hinaustreten ins Rampenlicht". Unter Ruhm ist in diesem Zusammenhang weniger das Bestreben gemeint, in die Geschichtsbücher einzugehen, sondern mehr der Aspekt, etwas aus seinem Leben zu machen sowie ein gesundes Selbstbewußtsein zu entwickeln. Ruhm steht in enger Nähe zum Feuer-Element.

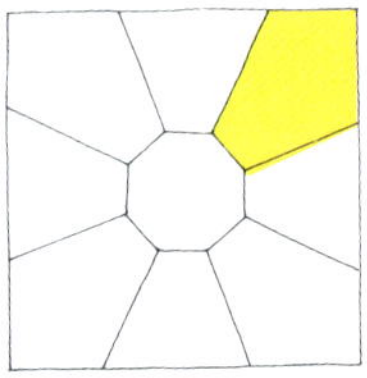

Ehe/Beziehungen: Dieser Ecke der Wohnung ist alles das zugeordnet, was mit zwischenmenschlichen Beziehungen zu tun hat. Eine gesunde Persönlichkeit entwickelt sich innerhalb eines gesunden Beziehungsgeflechtes, eine gesunde Partnerschaft aus zwei gesunden Individuen. Folglich sollten Sie in jedem Fall dafür sorgen, daß dieser Bereich mit Liebe eingerichtet ist, daß hier nichts ist, was Trennung symbolisiert, und daß Sie sich hier besonders in Mußestunden regelmäßig aufhalten. Ein Bett oder auch eine Couch für mögliche Zweisamkeit in diesen Bereich gestellt, verbunden mit dem Erd-Element, wird den größten Effekt erzielen.

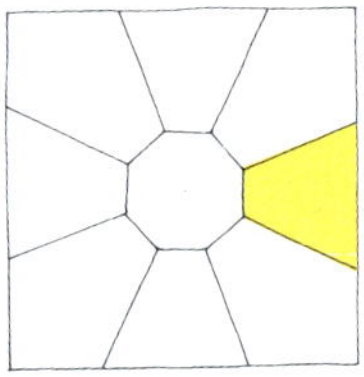

Kinder/Kreativität: Nichts vermag unser Leben mehr in positivem Sinne zu stimulieren, als der Anblick spielender Kinder. Leider vergessen wir viel zu oft, daß auch in uns allen ein „Kind" schlummert, das verspielt, kreativ und spontan sein möchte. Wir lassen derartige Anteile nur noch selten zu – manchmal vielleicht noch beim Sex, aber ansonsten? Deshalb geht es in der Kinderzone nicht nur um den Einfluß auf tatsächliche Kinder, sondern genauso sehr um die Aktivierung unserer eigenen kindlichen Anteile, darum Spaß zu haben. Stimulierung erreichen Sie besonders durch Verwendung von verschiedenen Metall-Accessoires.

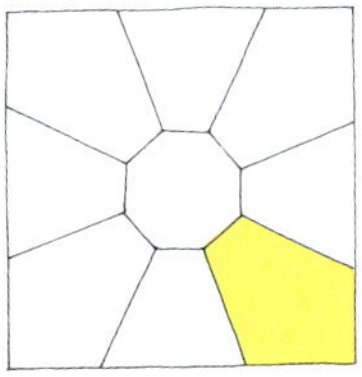

Hilfreiche Freunde: Gleich vorne rechts neben dem Eingang ist die Zone zu suchen, die für Freundschaften steht. Ohne gute Freunde, ohne die sogenannte „beste" Freundin würde dem Leben trotz einer vielleicht gut funktionierenden Partnerschaft etwas fehlen. Auch der Einfluß von Reisen, die den Horizont erweitern sollen, sowie Mentoren, d.h. älteren Menschen, die die Funktion von Förderern oder elterlichen Freunden einnehmen können, gehören hierher. Auch hier spielt das Element Metall eine entscheidende Rolle.

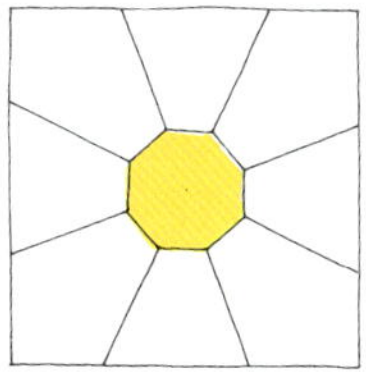

Die energetische Mitte: Das Zentrum einer Wohnung ist vergleichbar dem Zentrum einer menschlichen Zelle. Hier soll ständig Energie produziert werden, die sich dann von innen nach außen auswirkt. Sorgen Sie hier für viel Einfluß des Erd-Elements.

Mit Hilfe des Bagua lernen wir sowohl unsere Wohnung wie uns selbst zu durchschauen. Wer sein Leben mit Hilfe der Bagua-Analyse zu untersuchen beginnt, wird eine Vielzahl an Hinweisen erhalten. Allerdings müssen diese Hinweise richtig entschlüsselt werden, was auf den ersten Blick nicht immer ganz so einfach ist. Grundsätzlich läßt sich jedoch sagen, daß wir für ein segensreiches Leben sämtliche Aspekte des Bagua aktiv und im Einklang miteinander halten sollten.

Die offene Bagua-Analyse

Ein offener Einstieg in die Wohnungs-Analyse kann wie folgt geschehen: Ohne die Bagua-Schablone aufzulegen, tragen Sie in die Grundrißskizze der Wohnung erst einmal diejenigen gefühlsmäßigen Empfindungen ein, die die verschiedenen Bereiche in Ihnen auslösen. Wie zum Beispiel wirkt der Eingangsbereich auf Sie, wenn Sie durch die Tür hereintreten? Die Antwort könnte zum Beispiel sein: „eng und dunkel". Dies tragen Sie dann an dem entsprechenden Ort in die Skizze ein. Jetzt schauen Sie in die Wohnung hinein. Welche Empfindungen werden in Ihnen ausgelöst, wenn Sie den Flur entlangschauen. Eine denkbare Antwort wäre: „Es stört mich, daß man gleich so weit in die Wohnung hineinblicken kann. Dabei fällt jedem Neuankommenden doch sofort die Unordnung auf, die

Was die Partnerschaftsecke bewirken kann

Eine Patientin, die sich von ihrem Mann getrennt hatte und nun mit ihren Kindern allein lebte, beschrieb mir ihr „Wohnzimmer" in etwa wie folgt: „Mein Zimmer ist so etwas wie mein Heiligtum. Hier steht in der Ecke eine kleine Sitzecke und quer rechts im Raum mein neues Bett. Manchmal klettert eines der Kinder hinein, doch ansonsten ist das mein ureigenster Bereich. An der Wand hinter dem Bett befindet sich eine in Blau und Weiß gemalte Meereswelle, die am oberen Ende so etwas wie Funkenträume abstrahlt. Die gibt der Bettecke das besondere Etwas."

Als sie dann in einem späteren Gespräch zu erkennen gab, daß sie sich wieder eine feste Beziehung wünsche, gab ich ihr zu bedenken, daß dies etwas schwierig werden könne, denn so, wie sie ihre Partnerschaftsecke gestaltet hätte, würde eigentlich gar kein fester Partner dort hineinpassen.

Etwa zwei Wochen später berichtete sie mir, daß sie inzwischen zwei Männer kennengelernt habe, beide sehr nett, und sie könne sich vorstellen, daß sich mit dem einem oder dem anderen eine festere Beziehung anbahnen könnte. Es stellte sich heraus, daß beide Kandidaten dem Holz-Element zugehörten, und ich gab meiner Patientin zu verstehen, daß es sich da um eine recht günstige Konstellation handeln würde, da sie selbst Wasser sei, welches Holz nähren könne. Nach relativ kurzer Zeit stellte sich jedoch heraus, daß keiner der beiden Männer für eine intensive Bindung taugte. Beide hatten anspruchsvolle berufliche Positionen. Der eine führte eine Arztpraxis, der andere lebte zum Teil monatelang zwecks Fotorecherchen im Ausland. Und dennoch: Beide fühlten sich zu der Frau sehr stark hingezogen.

Eigentlich hat Feng Shui hier hundertprozentige Arbeit geleistet. Es waren genau die Partnerschafts-Konstellationen eingetreten, wie sie durch die Botschaft der Zimmergestaltung ausgesendet worden waren.

da hinten herrscht. Außerdem wirkt der Raum dort ziemlich trostlos." Tragen Sie auch diese Erkenntnis wieder in den Grundriß an der zugehörigen Stelle ein.

Auf diese Weise gehen Sie nun einfach Raum für Raum, Ecke für Ecke durch und notieren detailgerecht die Gefühle und Qualitäten, die an den betreffenden Stellen in Ihnen ausgelöst werden. Machen Sie sich vorerst einmal überhaupt keine Gedanken darüber, was womöglich dahinter stecken könnte. Erst wenn Sie den gesamten Grundriß (wenn Sie wollen auch noch die Umgebung) mit Attributen versehen haben, legen Sie Ihre Bagua-Schablone darüber. Betrachten Sie Ihr Ergebnis erst mal eine Weile und lassen Sie dabei die Gefühlsqualitäten in ihrer räumlichen Zuordnung ein wenig auf sich wirken. Sie werden überrascht sein, wieviel Sie auf diese Weise über sich und Ihre Wohnung erfahren werden. Ich habe diese Methode schon in etlichen Fällen angewendet. Viele Menschen hatte ich zuvor noch nie gesehen, und dennoch kamen auf diese Weise überraschend treffende Aussagen zustande.

Die Partnerschaftsecke aktivieren

Kommen wir noch einmal zum praktischen Nutzen des Bagua in bezug auf das Thema Liebe und Partnerschaft. Egal, ob eine eheliche Beziehung als unbefriedigend erlebt wird, ob man sich wenig zu sagen hat und in Gedanken schon seit Jahren fremdgeht oder ob es das Ziel ist, gegenseitiges Verständnis, Liebe und Vertrauen in einer bereits gut funktionierenden Beziehung noch zu verstärken – es ist ratsam, sich die Partnerschaftsecken sehr genau anzusehen. Anhand der Bagua-Schablone ist es leicht, genau den Sektor zu bestimmen, der für Partnerschaft und Beziehungen zuständig ist. Das Bagua läßt sich auf die gesamte Wohnung anwenden, aber auch auf jeden einzelnen Raum. Die Partnerschaftsecken finden wir dabei immer – von der Zimmertür aus betrachtet – in der hinteren rechten Ecke.

Ich habe in der Praxis noch keinen einzigen Fall erlebt, in dem eine Partnerschaftsecke wirklich einmal optimal angelegt und ausgestaltet war. Oft mußte hier überhaupt erst einmal für Sauberkeit gesorgt werden, da sich gerade dieser Bereich der Wohnung häufig als unordentlicher, vernachlässigter Bereich herausstellte, dessen Energien dringend der Aktivierung bedurften. Aufräumen und Aufstellen von Dekorationsgegenständen sind dabei immer die ersten Schritte hin zu einer positiven Veränderung. Tips, was im einzelnen zu machen ist, lassen sich leider kaum in allgemeingültiger Form geben, denn das, was zu Störungen beiträgt, ist oft immens vielschichtig. Schon die Hausform und eventuelle Fehlbereiche im Grundriß haben einen bedeutsamen Einfluß. Hinzu kommt die Persönlichkeit der Bewohner, die den Räumen erst ihre prägende Ausstrahlung geben.

Sich von überflüssigem Ballast zu befreien und Chaos zu beseitigen ist der erste Schritt für eine positive Veränderung und Stärkung der partnerschaftlichen Beziehung.

Grundsätzlich sollten Sie alle Staubfänger und jeglichen Krimskrams aus dem Partnerschaftssektor verbannen. Statt dessen sollten Sie alles, was für Sie für eine intakte Partnerschaft steht, dort ansiedeln. Dies können z.B. Fotos aus glücklichen Urlaubstagen sein oder zwei Kerzen, die sich in Form und Farbe entsprechen. Günstig für das Aktivieren der Partnerschaft sind auch Kerzen, deren Formen und Farben den Elementen der beiden Partner entsprechen: Für einen Wasser-Menschen beispielsweise eine blaue Schwimmkerze in einer Wasserschale, für einen Holz-Menschen statt dessen eine lange, grüne und zylindrische Kerze.

Von eminenter Bedeutung ist auch die Beleuchtung in diesem Sektor. Sollte der Partnerschaftsbereich der Wohnung düster und trübe wirken, so werden sich auch Ihre Beziehungen eher träge und schwermütig gestalten. Sie sollten in jedem Fall dafür sorgen, daß tagsüber soviel Licht wie möglich hereingelangen kann. Öffnen Sie deshalb unbedingt die Gardinen und lüften Sie gut durch. Wenn es dunkel wird, sollte dieser Bereich angemessen beleuchtet werden. Je nachdem, was für ein Typ Sie sind, wäre zu überlegen, ob Sie einer hellen, elektrischen Beleuchtung den Vorzug geben oder lieber Kerzenlicht und indirekter Beleuchtung. Bis man zu Bett geht, sollte die Partnerschaftszone möglichst immer erleuchtet sein. Mineralien und Salzkristall-Lampen können zusätzlich Licht in diejenigen Bereiche bringen, die Sie aktivieren wollen.

Hilfsmittel des Feng Shui

Das traditionelle Feng Shui kennt eine Reihe von Standard-Hilfsmitteln, die zu ganz bestimmten Zwecken angewendet werden. Wasili Pantazoglou meint hierzu, daß man mit ihrer Hilfe sein Heim energetisch „aufmöbeln" könne, auch wenn die Bauweise der Wohnungen und Häuser einiges an Störungen produziere. Ihm zufolge sind zwar viele und große Fenster sehr schön, um viel Licht ins Haus zu bekommen, nur besteht dadurch auch die Gefahr, daß das Ch'i zu schnell wieder entweicht.

Eines der bekanntesten Hilfsmittel, um dies zu verhindern, ist das Windspiel. Es ist in der Lage, Fenster zu blockieren, so daß das Ch'i im Raum gehalten wird. Wichtig dabei ist allerdings, daß das Windspiel einen angenehmen Klang hat und mindestens fünf Röhren besitzt. Um etwa einen Quadratmeter Glasfläche zu blockieren, sollte bei Hohlrohren das längste etwa 30 Zentimeter lang sein. Im Zusammenspiel mit anderen Maßnahmen, wie dem Aufstellen von Zimmerbrunnen oder dem Anbringen von Flöten oder Fächern, veranlassen vor dem Fenster angebrachte Windspiele das Ch'i, länger als sonst harmonisch im Raum zu kreisen. Dies wirkt sich natürlich für die Partnerschaftsecke besonders vorteilhaft aus.

In China gelten Pfingstrosen als Glücksbringer. Sie ziehen Ch'i an und wirken ausgleichend bei Partnerschaftsproblemen.

Auch Pflanzen vor dem Fenster können das Ch'i im Raum halten, genauso wie sie für eine Anhebung des natürlichen Ch'i-Gehalts in der Wohnung sorgen können. Selbst in Schlafzimmern leisten Pflanzen gute Dienste, indem sie sowohl dem Raum wie dem Körper Giftstoffe entziehen und gleichzeitig Sauerstoff produzieren. Pflanzen mit Wurzeln haben dabei mehr Energie als Schnittblumen.

Springbrunnen, Aquarien und Fotos oder Poster mit ganz besonderen Landschaften entwickeln in Räumen mit einer schlechten Qualität in ganz besonderem Maße das kosmische Ch'i. Achtgeben sollten jedoch Feuer-Menschen, da Wasser imstande ist, die Feuer-Energien zu löschen.

Mit Holzflöten zieht man Energie an und leitet sie. Als Faustregel gilt, sie so anzubringen, daß die Öffnungen dorthin zeigen, wohin das Ch'i „geblasen" werden soll. Fächer haben ähnliche Fähigkeiten, doch sollten sie möglichst nur von Fachleuten angebracht werden, da sie auch Turbulenzen erzeugen können. Spiegel schließlich können drei Funktionen erfüllen: Blockieren, Leiten oder Lenken. Konkret bedeutet das, sie werden erstrangig dort aufgestellt, wo sie etwas Positives verstärken oder vervielfachen sollen. Sie können aber auch Negatives abprallen lassen, wie wir bereits beim Bagua-Spiegel gesehen haben. Nicht nur Feng-Shui-Berater, sondern auch Rutengänger empfehlen, im Schlafzimmer keine Spiegel aufzustellen, da sie den negativen Effekt von Wasseradern auf die Schlafenden verstärken und unnötige Turbulenzen erzeugen können.

Sie sollten jetzt eigentlich in der Lage sein, die Partnerschaftsecke attraktiv und einladend gestalten zu können. Und denken Sie daran: "Mit unseren Gedanken erschaffen wir uns und unsere Welt" (Gautama Buddha). Lassen Sie demgemäß ein Bild von einer glücklichen Liebesbeziehung in ihrem Inneren entstehen und gestalten Sie danach die Partnerschaftsecke. Verbringen Sie möglichst viel Zeit in diesem Bereich, möglichst dann, wenn Sie sich gut und froh fühlen. Destruktive Gedanken und Gefühle sollten Sie statt dessen davon fernhalten. Sie werden sehen: Das, was wir denken und anregen, kommt auf unsichtbarem Wege zu uns ins Haus zurück.

Feng Shui – Hilfe bei der Partnersuche

„Das Wunder der Liebe ist nur dann möglich, wenn es sich nicht nur im eigenen Herzen, sondern auch im Herzen des anderen vollzieht."
(Alberto Moravia)

Foto links: Der Traum vom großen Liebesglück. Feng Shui hilft Ihnen, den richtigen Partner zu finden.

„Ich stand am Gartenzaun und schaute etwas versonnen auf das kleine Häuschen mit den vielen Blumen im Vorgarten. Den Mann der aus dem Haus hervortrat, nahm ich anfangs nur beiläufig wahr. Plötzlich trafen sich unsere Blicke. Er hatte Augen, daß sich der Boden unter mir zu drehen begann. Das war Liebe auf den ersten Blick."

So oder ähnlich könnte ein wunderschöner Liebesroman beginnen. Leider sieht die Realität jedoch meistens ganz anders aus. Viele Menschen um uns herum fühlen sich einsam und trauen sich kaum einmal, jemanden Fremden anzusprechen. Andere fallen von einer Beziehungskiste in die nächste, immer in der Hoffnung, endlich den Richtigen gefunden zu haben, und werden dann doch womöglich wieder enttäuscht. Wachsende soziale Distanz und zunehmende individuelle Abgrenzung zeichnen insbesondere das Leben in den Großstädten aus, wo die Zahl der Single-Haushalte deutlich zunimmt. Und dennoch bleibt es Lebenswunsch Nummer Eins, eine erfüllte Beziehung zu begründen und lebendig zu halten.

Menschen auf der Suche nach einer gelungenen Partnerschaft lassen sich unterteilen in diejenigen, die bereits verschiedene schlechte Erfahrungen gemacht und inzwischen das Gefühl entwickelt haben, immer auf die Falschen hereinzufallen, sowie in diejenigen, denen der Zugang zum anderen Geschlecht irgendwie versperrt zu sein scheint. Hierfür verantwortlich sind sowohl negative Erfahrungen aus vorausgehenden Beziehungen wie auch schlechte erzieherische Einflüsse während der Kindheit. Jeder Mensch verfügt demzufolge über bestimmte Muster, die sein Verhalten in Beziehungen steuern. Erst wenn wir anfangen, etwas an uns zu ändern, wird das scheinbar endlose Band sich wiederholender Erfahrungen durchbrochen.

Das Labyrinth des Lebens: Nur Beharrlichkeit und Geduld führen zum Ziel.

Vielfach habe ich im Rahmen von Beratungen beobachten können, daß das Leben von Menschen mit einem Labyrinth vergleichbar ist. Wir befinden uns irgendwo mittendrin und ordnen unseren gegenwärtigen Standort häufig völlig falsch ein. Mancher wähnt sich kurz vor dem Ziel, obwohl er noch eine weite Wegstrecke vor sich hat. Andere, die nach langer Arbeit an sich selbst fast schon aufgeben wollen, trennt vielleicht nur noch eine kleine Biegung vom Ziel. Bei letzteren reicht oft die Veränderung nur weniger Details in Verbindung mit Feng Shui aus, damit sich der gewünschten Erfolg einstellt.

Haben Sie Angst, sich zu binden?

In vielen Menschen, die das Gefühl haben, nie den richtigen Partner zu finden, wirkt im Unterbewußtsein eine latente Angst vor Bindung. Diese kann beispielsweise daher rühren, daß die Beziehung der Eltern als konfliktträchtig empfunden wurde, wodurch sich bereits in frühen Jahren eine Haltung entwickeln kann, die eine enge Bindung als gefährlich einstuft. Aber auch elterliche Botschaften, wie zum Beispiel der im Spaß dahingesagte Satz: „Drum prüfe, wer sich ewig bindet, ob sich nicht noch was Besseres findet", können Bindungsängste fördern.

Was ist in solchen Fällen zu tun? Feng Shui empfiehlt Ihnen, sich erstrangig mit denjenigen Sektoren Ihrer Wohnung zu beschäftigen, die für Reichtum, Wohlstand und Segen stehen. Wie wir bereits wissen, befindet sich dieser Bereich von der Eingangstür aus gesehen hinten links. Diesem Sektor wird auch die Energie des Windes zugeordnet.

Wind oder auch Lebensatem ist es, der alte, starre Formen auflösen kann und dafür sorgt, daß unselige Verhaftungen transformiert werden zu einer Weiterentwicklung in Richtung Glück und Harmonie. Um diesen Prozeß zu unterstützen, sollten Sie es einmal mit dem Aufstellen eines Spiegels versuchen, der nach Nordwesten zeigt. Des weiteren sorgen Sie dafür, daß das Element Holz an diesem Ort überwiegt, z.B. indem Sie gezielt Möbel, Kerzenhalter oder andere Gegenstände aus Holz verwenden und grüne Farbakzente setzen.

Die wichtigste Beziehung ist zunächst einmal die Beziehung zu sich selbst. Wie können Sie einen anderen in seiner Eigenart lieben, wenn Sie sich selbst nicht mögen?

Wenn Sie sich dringend wünschen, endlich den richtigen Partner zu finden, so können Sie auch zwei kleine Bilderrahmen in der Partnerschaftsecke aufstellen; in den einen stecken Sie ein Foto von sich selbst, den anderen lassen Sie frei für den ersehnten Partner.

Geraten Sie immer wieder an die Falschen?

Wenn Sie diese Frage bejahen, dann sollten Sie erst einmal versuchen, mehr im Einklang mit den eigenen Gefühlen zu leben und gleichzeitig auch die Gefühle anderer wahrzunehmen. Denn vermutlich liegt die Ursache Ihres Problem darin, daß Sie sich noch nicht selbst erkannt haben, nicht wissen, wer Sie eigentlich sind. Sie haben ein bestimmtes, aber vielleicht nicht zutreffendes Bild von sich, dem Sie gerecht zu werden versuchen, und eine bestimmte Vorstellung darüber, wie eine Person zu sein hat, die zu Ihnen paßt. Leider werden durch eine solche Haltung Dissonanzen ausgelöst, die eine Zweierbeziehung stark belasten können.

Feng Shui rät in diesem Fall dazu, Gegenstände aus Rauchquarz oder Mondstein zu verwenden. Auch eine schwarze Kerze käme in Frage, der Sie Leben einhauchen, indem Sie sie anzünden. Vollziehen sie diese kleine Zeremonie so oft wie möglich in einer der diversen Partnerschaftszonen Ihrer Wohnung.

Parallel dazu sollten sie aber auch an sich selbst und am Thema Akzeptanz arbeiten. Denn es kann ohne weiteres sein, daß Sie zwar das Gefühl entwickeln, wieder einmal nicht den Richtigen gefunden zu haben, doch was da stattfand, war womöglich nur eine Projektion. Vielleicht haben Sie wieder einmal versucht, Ihren Partner gemäß Ihren Vorstellungen zu ändern. Dies geht allerdings nur in den wenigsten Fällen gut, denn wer möchte sich schon nach den Vorgaben eines anderen modellieren lassen?

Falls Sie erkannt haben, daß Ihre Fähigkeit, die Andersartigkeit des Partners zu akzeptieren, gestärkt werden sollte, dann bietet Ihnen Feng Shui auch hierfür Unterstützung. Plazieren Sie in der Partnerschaftsecke Gegenstände, die an Felsen oder Berge erinnern. Dies können Mitbringsel aus dem Urlaub, aber auch Feldsteine sein, die Sie bei gemeinsamen Spaziergängen gesammelt haben.

Vielleicht werden Sie sich nun fragen, warum man gerade etwas Felsiges dort aufstellt, wo mehr Akzeptanz geboren werden soll. Ganz einfach: Eine stabile Partnerschaftsbeziehung setzt ein gesundes Ich voraus – und zwar bei beiden Beteiligten.

Eine gefestigte Persönlichkeit (symbolisiert durch Fels oder Gestein) gänzlich zu verändern, birgt die Gefahr, sie zu zerstören. Sich dies immer wieder einmal vor Augen zu führen, ermahnt zu mehr Toleranz.

Wesen und Nutzen von Ritualen

Pflanzen und Gegenstände aus der Natur besitzen viel positive Energie und entfalten in Ritualen eine besondere Kraft.

Beziehungsprobleme haben in den meisten Fällen ihren Grund in einer zu starken Verhaftung an alten, negativen, im Verlaufe des Lebens angeeigneten Mustern. Um diese überwinden und sich einer neuen, glücklichen Partnerschaft öffnen zu können, sollten Sie die Kraft der bei Feng Shui eingesetzten Techniken und Hilfsmittel durch Rituale und Zeremonien zusätzlich stärken.

Rituale dienen dazu, uns dabei zu helfen, das Ch'i mit Hilfe gedanklicher Kräfte so zu kanalisieren, daß sich die Energie unseres Bewußtseins positiv nutzen läßt. Bestimmte Accessoires nach bestimmten Vorgaben irgendwo aufzustellen und Räume zu klären ist die eine Seite. Die andere ist die Unterstützung durch Intention und Rituale. Mit Hilfe von Ritualen und geistigen Einstimmungen stellen wir eine Resonanzbeziehung her zur unsichtbaren Welt.

Anhand des folgenden Beispiels möchte ich Ihnen nun zeigen, wie Sie Ihrem Wunsch nach einer neuen und erfüllenden Partnerschaft besonders viel Ausdruck und Kraft verleihen können:

Das Partnerschaftsritual

1. Schritt: Legen Sie das Ziel fest, welches Ihnen vorschwebt. Hierdurch lenken Sie bereits das Ch'i in die Richtung Ihrer Absicht. Zum Beispiel: „Ich möchte endlich eine Frau kennenlernen, die auch längerfristig gut mit mir harmoniert und die wie ich den Wunsch nach Kindern hat."

„Nummer eins ist dein Schicksal, Nummer zwei ist dein Glück, Nummer drei die Kenntnis von Feng Shui."
(Chinesisches Sprichwort)

2. Schritt: Suchen Sie sich verschiedene Gegenstände zusammen, die Sie beim Ritual verwenden möchten. Dies können Dinge aus der Natur sein wie schön gewachsene Zweige, Blumen, Schneckenhäuser, Steine, Muscheln, Stroh, Baumrinde, aber auch Klangschalen, gefüllte Gläser, Glocken oder Trommeln, und selbstverständlich wirken auch Düfte, Farben, Tücher und meditative Musik unterstützend.

3. Schritt: Räumen Sie den Raum gut auf; wischen Sie nach Möglichkeit die Möbel und Gegenstände des Zimmers mit Salzwasser ab und stimmen Sie sich dann mental auf die Zeremonie ein.

4. Schritt: Beginnen Sie die Zeremonie, indem Sie erst einmal die vier Seiten des Raumes begrüßen und die „guten Helfer" einladen.

5. Schritt: Nun legen Sie in der Partnerschaftsecke ein Ihrer Phantasie entsprechendes Mandala aus den bereitgehaltenen Utensilien auf Vitrine, Tisch oder auch Fußboden aus. Lassen Sie dabei in der Mitte ein wenig Platz.

6. Schritt: Setzen Sie sich nun davor und dehnen Sie ihre Aura durch bewußtes Atmen und Meditieren weiter aus. Werden Sie allmählich eins mit dem Raum, eins mit der Umgebung.

7. Schritt: Nehmen Sie sich jetzt ein besonders schönes Blatt Papier und schreiben Sie darauf Ihre Wünsche nieder. Halten Sie den Zettel eine Zeitlang zwischen den Händen und versuchen Sie, ganz viel positive Energie aus den Handchakren heraus auf den geäußerten Wunsch abzustrahlen.

8. Schritt: Legen Sie jetzt den Zettel in die Mitte des Mandalas und visualisieren Sie dann Ihren Wunsch in leuchtenden, hellen Farben.

9. Schritt: Zünden Sie Kerzen an, um das neue Glück anzulocken. Erst wenn Sie das Gefühl haben, daß diese Zeremonie genügend Kraft entfaltet hat, beenden Sie sie langsam und in Andacht.

Das Ende von Einsamkeit

„Nach einer schmerzlich gescheiterten Ehe sollte der neue Partner, der mir hoffentlich baldigst über den Weg laufen würde, eine Entscheidung fürs Leben sein. Nur wie findet man jemanden, bei dem auf Anhieb alles stimmt? Eines Abends kam mir so etwas wie eine Erleuchtung. Ich holte mir einen Tuschpinsel, ein weißes Blatt Papier und ein Glas mit Milch. Dann tauchte ich den Pinsel in die Milch und begann damit einen Geheimbrief zu schreiben. Wort für Wort beschrieb ich meinen Traummann und notierte zusätzlich den Wunsch, ihn bald kennenlernen zu wollen.
Warum die Heimlichtuerei mit der unsichtbaren Milchtinte? Es sollte ganz einfach niemand mitbekommen, auf welche verrückten Ideen ich kommen konnte. Und noch verrückter war, daß mir plötzlich die tollsten Männer über den Weg liefen – etwas, was ich gar nicht begreifen konnte, nachdem ich mich monatelang schrecklich einsam gefühlt hatte..."

Die Liebe neu beleben

„Nur wer ein Leben lang offen ist, bleibt auch ein Leben lang liebesfähig." (Bhagwan, 1985)

Foto links: Keine Liebesbeziehung bleibt, was sie zu Anfang war. Das ständige Auf und Ab der Lebenswellen nagt auch an unseren Beziehungen zu anderen Menschen.

Hochgestimmte Liebesgefühle sind selten von langer Dauer. Das anfängliche Knistern zwischen den Geschlechtern schwindet oft dahin wie Schnee in der Sonne. Während man sich im Alltag aneinander zu reiben beginnt, schlafen Verliebtheit und Sehnsucht fast unbemerkt ein. Dabei müssen abnehmende Leidenschaft und Lust nicht unbedingt zu einem Problem führen. Solange beide Partner in einer derartigen Situation nichts Grundlegendes vermissen, wird die Beziehung Bestand haben. Aus den Fugen geraten kann sie jedoch ab dem Moment, wenn einer von beiden nicht länger bereit ist, sich mit dem verflachenden Liebesleben über längere Zeit abzufinden.

Die Praxis zeigt, daß wir die Schuld für negative Entwicklungen meistens beim anderen suchen und dessen Handeln oft auch vorschnell verurteilen. Dabei vergessen wir in der Regel, daß es nicht die Schattenseiten des Partners sind, nicht die zu starken Gegensätze oder ein Zuviel an Gleichheit, das Paare auseinanderbringt, sondern die fehlende Übung, sich darüber zu verständigen. Neuen, umfangreichen Studien zufolge (Caldwell 1999) durchlaufen Liebesbeziehungen unabhängig von den daran beteiligten Personen fast immer drei Phasen:

Die erste Phase setzt dann ein, wenn man sich mehr als normalerweise üblich von jemand anderem angezogen fühlt. Man verliebt sich, und es wächst der Wunsch, sich dem anderen zu nähern, ihn als Partner zu gewinnen. Fast zeitgleich mit den ersten Schmetterlingen im Bauch kommt es zu einer innerlichen Überprüfung des Wunsches nach näherem Kennenlernen und Miteinander. Fällt diese „Prüfung" negativ aus, so ist ein schneller Beziehungsabbruch vorprogrammiert. Endet das Überprüfen jedoch positiv, so führt dies zu einer Intensivierung. Man ist wie verzaubert, man sieht sich im anderen und entwickelt die schönsten Phantasien. Schließlich kommt es zu den ersten Umarmungen, einem körperlichen Vortasten und schließlich zu Erotik, Sexualität, Berauschtheit und Glückseligkeit.

Die zweite Phase läßt sich als Übergangsphase bezeichnen. Hier kommt es zu ersten Vereinigungen, zu gelebter Intimität. Dies führt nicht selten zu ersten deutlichen Störungen. Sukzessiv strömen Gedanken ein, in denen es um Zukunft, um gemeinsame Wünsche und Ziele sowie um eine Definition der neu gewonnenen Zweisamkeit geht. Die Verzauberung schmilzt in dem Maße dahin, in dem gemeinsam geplant, die Wohnung zusammengelegt und die Organisation des Alltäglichen besprochen wird. Die Realität dringt in fast grausamer Form in das ursprüngliche Glück ein.

Die dritte Phase kann sich mitunter lebenslang vollziehen, wenn sie nicht konstruktiv gelebt und ihre negativen Aspekte aufgelöst werden. In dieser Phase geht es um die eigentliche Entdeckung des anderen, um Gemeinsamkeiten, aber auch um Unterschiedlichkeiten. Es beginnen Machtkämpfe, es geht um die individuelle Identität sowie um die Rolle, die man als Paar nach außen spielen möchte. Weiterhin stehen Auseinandersetzungen um Nähe und Distanz im Vordergrund, um Symbiose und Unabhängigkeit, um Sicherheit und Schutz. Oft ist es ein langer Weg, den autonomen Raum des anderen zu akzeptieren, bindende Inhalte zu finden, aber auch Negatives und möglicherweise Trennendes auszuhalten. Wenn diese Phase positiv

Keine Angst vor einem kleinen Streit. Diese Gewitterwolken am Liebeshimmel verziehen sich rasch, sofern man die richtige Art miteinander zu kommunizieren nicht verlernt hat.

durchlebt wird, so mündet eine Zweierbeziehung (die ursprünglich einmal als reine Liebesbeziehung deklariert war) ein in so etwas wie Kontinuität und Expansion. Das heißt in einen haltgebenden Alltag, verbunden mit Entwicklung und Wachstum beider Partner, bedingt durch einen lebendig bleibenden Diskurs. Insbesondere diese Phase fordert allerdings die Entwicklung neuer Tugenden, wie Vertrauen, Toleranz, Rücksichtnahme, Akzeptanz, Respekt und Hingabe.

Wenn die Kommunikation fehlt

„Unsere Ehe endete in Streit und Gefühls-Chaos. Anfangs merkten wir beide gar nicht, wie das Miteinander zu leiden begann. Dabei war die Umstellung vom Single-Leben hin zu einem Leben zu zweit eigentlich gar nicht so schwierig gewesen. Doch mit den Jahren deckte der gemeinsame Alltag schonungslos unsere problematischen Bereiche auf. Unsere Kommunikation bestand zum großen Teil nur noch aus Absprachen zwischen Tür und Angel oder einer rasch notierten Nachricht. Dies förderte die schleichende Entfremdung, die für den Fortbestand unserer einstmals guten Ehe zu einer immer größeren Bedrohung wurde.

Ständig kritisierten wir uns gegenseitig, nörgelten aneinander herum. Ich beschwerte mich, weil er schon wieder zu spät nach Hause gekommen war und nie Zeit für mich hatte. Er hielt mir vor, daß ich mal wieder den ganzen Tag nichts in der Wohnung getan hätte, während er einen harten Arbeitstag hinter sich gebracht habe. Beide ließen wir lange aufgestauten Ärger am Partner aus, obwohl er in vielen Fällen gar nicht von ihm verursacht worden war. Aber wo sollten wir denn sonst auch damit hin, mit all dem Druck, dem wir täglich ausgesetzt waren, unserer Wut und unserem Frust? Da kam irgendein Anlaß immer ganz gelegen, um sich abzureagieren. Und irgendwann stellte man sich eines Tages die Frage: Was ist nur aus all unserer Liebe geworden?"

Wenn das Sexualleben nicht in Ordnung ist

Angenommen, Sie führen eine intakte Zweierbeziehung und lediglich im Bett klappt es nicht so wie gewünscht. Analysieren Sie in einem derartigen Fall erst einmal die Küche als Nährstoffzelle Ihrer Wohnung und dann den Partnerschaftsbereich. Gibt es hier womöglich Unrat oder zuviel an Krimskrams, ist diese Stelle Ihrer Wohnung dunkel und schwermütig? Dann kann nach Feng Shui auch das Ch'i nur schwer Zugang zu diesen Zonen finden. Schaffen Sie Ordnung und Klarheit in diesen Bereichen und aktivieren Sie sie mit allem, was für Sie Liebe und

Romantik repräsentiert. Sorgen Sie auch dafür, daß hier mehr Licht vorhanden ist. Setzen Sie neue Zeichen; insbesondere indem Sie zusätzlich geschickt rote Akzente setzen, die die Liebesenergie anregen.

Im nächsten Schritt tun Sie das gleiche im Partnerschafts-Sektor Ihres Schlafzimmers. Wenn an dieser Stelle eine Kommode stehen sollte, so würde es sich beispielsweise anbieten, hier eine rosa-orangefarbene Salzkristall-Lampe aufzustellen. Wenn Sie diese zusätzlich an eine Zeitschaltuhr anschließen, so empfängt Sie beim Zu-Bett-Gehen regelmäßig eine wohlig-angenehme Atmosphäre, welche Wärme, Lust und Loslassen suggeriert. Zusätzlich können Sie hier die Darstellung einer tantrischer Vereinigung plazieren oder auch ein stimulierendes Poster aufhängen.

Indische Tantradarstellungen – egal ob als kostbares Bild, Statue oder einfaches Poster – zaubern eine Atmosphäre von Sinnlichkeit und Erotik herbei.

Sollten sich einer oder mehrere Spiegel im Schlafzimmer befinden, so wäre es unbedingt ratsam, deren Position überprüfen zu lassen oder möglicherweise ganz darauf zu verzichten. Feng Shui empfiehlt zwar als ein wesentliches Element zur Steigerung des Ch'i die Anwendung von Spiegeln, jedoch nicht im Schlafzimmer und schon gar nicht in der Nähe des Bettes. Denn jeder Spiegel, der Sie oder Ihren Partner widerspiegelt, steht symbolisch auch für andere Personen, die sich in Ihre Zweierbeziehung hineindrängen. Dies führt zu Turbulenzen und verkürzt zwangsläufig die Lust aufeinander.

Falls sich die sexuellen Probleme erst nach einem Umzug in ein neues Domizil eingestellt haben, so sollten Sie grundsätzlich Ihr ganzes Heim gemäß Feng Shui überprüfen. Ähnliches gilt, wenn gravierende Umbau- oder Renovierungsmaßnahmen vorgenommen oder die Funktionalität von Zimmern geändert wurde (aus einem Arbeitszimmer wurde ein Schlafzimmer oder ähnliches).

Romantik, Phantasie und Spontaneität sind die besten Anreize, um ein abgestumpftes Liebesleben zu beflügeln und die Lust am Sex neu zu entdecken.

Eine weitere Möglichkeit, auf den Bereich der Sexualität positiv Einfluß auszuüben, besteht darin, sich dem Bagua-Bereich für „Kinder" zuzuwenden. Diesem Sektor (von der Haustür aus betrachtet liegt er rechts in der Mitte) wird auch die Entsprechung „See" zugeordnet. Dies symbolisiert das Glücksgefühl der Verliebt- und Verträumtheit und das Ziel, gemeinsam schöpferisch tätig sein zu wollen. Ein See ist ein lebendiges Stück Natur. Wächst er zu oder trocknet er aus, so verbreitet sich schlechtes Ch'i. Unter diesem Gesichtspunkt sollten Sie jetzt die betreffende Bagua-Zone untersuchen. Gibt es irgend etwas in diesem Bereich, was womöglich die gesunde Lebensenergie schädigt? Dies kann eine Gerümpelecke oder Abstellkammer genauso sein wie abgestorbene Pflanzen oder auch Bäder, in denen zu viel Ch'i abfließt.

Neben der Beachtung der Bagua-Aspekte sollten Sie den Einfluß der Elemente auf die Lust nicht vergessen. Möglicherweise passen Sie beide doch gar nicht so optimal zusammen, wie Sie das während des ersten Verliebtseins angenommen hatten. Eine Partnerschaft etwa zwischen Erde- und Wasser-Typen wird sich nun einmal nicht so problemlos entwickeln wie die zwischen zwei Holz-Menschen. Aber: Kein Grund zur Resignation! Im Kapitel „Wer paßt zu wem?" hatte ich Ihnen bereits alle Möglichkeiten vorgestellt, die Ihnen Feng Shui zum Ausgleichen und Harmonisieren bietet. Hier finden Sie alle notwendigen Hinweise zu sämtlichen Konstellationen.

Wenn ein Baby kommt

Eine besonders gefährliche Zeit für Zweierbeziehungen kann einsetzen, wenn ein Baby angekommen ist. Der Familienzuwachs bringt einerseits zwar nervtötende und strapaziöse Mehrarbeit mit sich, andererseits bewirkt er jedoch auch sehr viel Schönes und Neues im Leben zweier Menschen, so daß beide in Gefahr geraten, sich nur noch mit ihrer Rolle als Mutter oder Vater zu identifizieren. Ein Baby kann die Gedanken und Gefühle der Eltern derart auf sich lenken, daß sie sich als Beziehungspartner aus den Augen verlieren. Beide schenken dem Kind die gesamte Aufmerksamkeit und Liebe, während sich ihre Beziehung immer mehr auseinanderbewegt.

Sicherlich ist es ganz natürlich, logisch und folgerichtig, wenn man seinem Baby Zeit widmet. Doch nicht immer sind wir Menschen so logisch und objektiv denkend programmiert. Mütter fühlen sich vereinnahmt, Väter ausgesperrt aus der engen Beziehung zwischen Mutter und Kind. Sollten Sie bemerken, daß sich in einer derartigen Situation über Ihre Beziehung graue Wolken legen, sich Langeweile oder auch aggressive, trennende Tendenzen bemerkbar machen, so sollten Sie sich im ersten Schritt darüber austauschen. Besprechen Sie im offenen, kritischen Gespräch Ihre Situation und entwickeln Sie Ideen dazu, was getan werden kann, um Negatives abzubauen und das Kreativ-Spielerische zu stärken. Es gibt eine ganze Reihe von Büchern, die Ihnen hierbei eine Hilfe sein können.

Im zweiten Schritt erst sollten Sie dann auf die magischen Kräfte des Feng Shui zurückgreifen. Je gesunder die Umwelt, umso gesunder und selbstverständlicher entwickeln sich Kinder zu intakten, aufgeweckten Persönlichkeiten. Aus diesem Grunde kommt der gesamten häuslichen Situation gemäß Feng Shui eine hohe Bedeutung zu. Gezielt sollten Sie die Bagua-Sektoren für Kinder sowie Familie/Gesundheit stärken. In Familien mit Kindern ist das gelegentlich gar nicht so einfach, denn irgend einen Platz benötigt man immer, wo z.B. auch mal Schmutzwäsche oder Sperriges angesammelt werden kann. Und dann benötigt man dazu auch noch Zeit, und die ist knapp bemessen – und deshalb ... – Ein Teufelskreis.

Soviel Zeit muß sein ...

„Meine Kinder litten sehr unter Ängsten. Eine Feng-Shui-Beraterin machte mich darauf aufmerksam, daß genau dort, wo sich mein Hauswirtschaftsraum mit all der Unordnung befand, der Sektor für Gesundheit lag. Daraufhin faßten wir den Plan, hier etwas zu tun. Doch es war wie verhext. Irgendwie kam ich nicht dazu. Mal fehlte mir die Zeit, dann die Lust, mich darum zu kümmern, und dann entwickelten mein Mann und ich die Idee, eventuell ein Haus zu kaufen. – Warum also jetzt überhaupt noch Mühe in diese Zone investieren?"

Das lang ersehnte Baby ist da und plötzlich ist alles ganz anders, als man es sich vorgestellt hat. Auch das Leben zu dritt will gelernt sein.

Ein typisches Beispiel für krankmachende Verstrickungen. Im nebenan beschriebenen Fall gab es immer wieder Gründe, etwas nicht zu tun. Die bereits erkannte Ursache für ein Übel wird nicht beseitigt (denn dies würde Zeit in Anspruch nehmen, die man den angstgeplagten Kindern widmet), sondern der Mißstand wird durch dieses Verhalten noch weiter verstärkt (die Kinder benötigen noch mehr Zuwendung und damit Zeit). Dieses Phänomen findet sich ganz häufig – auch in anderen Zusammenhängen. Sachverstand und Ratio scheinen irgendwie ausgeblendet. Jeder andere wüßte sofort, was zu tun wäre, nur die Betreffenden schaffen es einfach nicht, den berühmten Fuß in die Tür zu bekommen. Dies macht noch einmal die enge Beziehung zwischen einer derartigen Wohnbereichszone und dem dazugehörigen Lebensziel deutlich. Hier helfen dann weniger Feng-Shui-Tricks, sondern eher Motivierung und fachliche Hilfe. Wie gesagt: Der erste Schritt ist oft der schwerste, ab dem zweiten beginnen sich schon die ersten positiven Auswirkungen bemerkbar zu machen. Das Ganze läßt sich mit einem Fluß vergleichen, der sich an einer Barriere aus angeschwemmtem Treibholz staut. Es reicht, ein wenig davon aus dem Weg zu räumen. Den Rest schafft dann die Energie der Flußströmung von alleine.

Als Paar hatte man sich auf ein stabiles Gleichgewichtsniveau eingependelt. Wird aus dem Paar eine Familie, dann müssen die Konstellationen neu geordnet werden.

Die Fünf-Elemente-Theorie und die Berücksichtigung des Yin-Yang-Prinzips kann Eltern eine wertvolle Hilfe sein. Was ist z.B. zu tun, wenn ein Metall-Pärchen ein Baby unter dem Element Feuer zur Welt bringt? Aus Feng-Shui-Sicht könnte sich daraus eine ganz riskante Beziehung ergeben; denn Feuer ist in der Lage, Metall zu zerstören oder zu verformen. Im Interesse ihrer Beziehung (und damit letztendlich auch im Interesse des Kindes) sollten die Eltern in einem derartigen Fall bestrebt sein, mit Hilfe des Erde-Elementes für Ausgleich zu sorgen.

Wenn die „Chemie" nicht mehr stimmt

Nun kann es sein, daß Sie ein unproblematisches Sexualleben führen, daß finanziell alles im Lot ist, daß die Kinder gesund und wohlgeraten sind und Ihnen von Außenstehenden regelmäßig das Prädikat „Traumfamilie" zugeschrieben wird. Nur tragischerweise hat man sich innerhalb der Beziehung nichts mehr zu sagen. Dies ist immer eines der größten Gefahrenmomente für eine Ehe. Gemäß der Studie von Robert Caldwell aus den USA steht in der Hitliste der Scheidungsgründe der Punkt „Kommunikationsprobleme" an herausragender Stelle. Erst danach folgen:

2. Seelische Grausamkeit
3. Zu wenig/gar keine Liebe
4. Unerfüllbare Forderungen des Partners
5. Keine Aussicht auf Weiterentwicklung in der Ehe
6. Zu wenig/gar kein Vertrauen mehr
7. Verbale Aggressionen (Beschimpfungen, Beleidigungen)
8. Zu geringes oder gar kein Interesse des Partners
9. Finanzielle Probleme
10. Sex-Probleme
11. Untreue
12. Veränderung der Lebensziele
13. Langeweile
14. Probleme als Eltern
15. Eifersucht
16. Alkohol- oder Drogenmißbrauch
17. Ständiges Nörgeln
18. Autoritäres Verhalten des Partners

Der Aspekt der Leere ist es also, der eine Beziehung zum Scheitern bringt. Er wird deutlich dadurch, daß zwei Menschen, die eigentlich viel miteinander zu tun haben, sich im Grunde genommen nichts mehr zu sagen haben. Statt dessen sitzt man stumm vor dem Fernseher oder vergräbt sich in Mußestunden hinter Zeitungen. Wenn dann doch einmal so etwas wie Kommunikation zustandekommt, dann stehen gegenseitige Vorhaltungen im Vordergrund, gewinnen aggressive Untertöne leicht die Oberhand, etwa gemäß dem Motto: „Du trittst meine Gefühle mit Füßen; ich bin Dir doch überhaupt nicht wichtig, das merke ich immer wieder."

Bei dieser Art von Krise muß es darum gehen, Kommunikation und verbalen Austausch wieder anzuregen. Die Psychologie rät in diesem Zusammenhang zum Beispiel, statt des

„Du!" lieber vom „Ich" zu reden. Statt eines „Du bist schon wieder unpünktlich gewesen" würde ein „Ich habe mir Sorgen gemacht, wo Du wohl so lange bleibst" sicherlich eher die Situation entspannen. Auch indem man das Gesagte des anderen zunächst zusammenfaßt, ehe man darauf eine Antwort gibt, ist ein guter Weg, verschüttete Kommunikationspfade wieder freizuräumen.

Während die Psychologie eher Ratschläge für die konkrete Situation gibt, setzt Feng Shui auch hier wieder generell bei der Gestaltung des Umfeldes an. Ein zentraler Ansatz bietet sich über Farben an. Sorgen Sie dafür, daß sich möglichst viel Gelb sowohl in der Partnerschaftszone der Wohnung wie auch in der des Schlafzimmers findet. Dies kann eine neue Sofagarnitur in gelbem Leder genauso sein wie das Einfärben ehemals weißer Gardinen im Schlafzimner; denn in der Feng Shui-Farblehre steht Gelb für Kommunikation.

Gelb ist eine sehr stimulierende Farbe, so daß Sie bald merken werden, wie Sie mehr und mehr Dinge wieder gemeinsam zu machen beginnen. Sie sollten sich allerdings zusätzlich noch um einen ganz wesentlichen Bagua-Bereich innerhalb Ihrer Wohnung kümmern: den des Wissens. Diesem Bereich entspricht auch die Thematik „Berg". Im Feng Shui steht „Berg" für die Außenwelt, der wir uns zu stellen haben, beziehungsweise für unsere Art, mit anderen Menschen umzugehen. Im übertragenen Sinne ließe sich auch sagen: Innerhalb einer Zweierbeziehung stehen beide Partner vor einem Berg, den jeder auf seine ihm gemäße Weise zu bezwingen versucht. Dabei können die Wege und Methoden des einen oder anderen ganz unterschiedlich sein. Leider neigen wir in Beziehungen oft dazu, die eigene Haltung als die einzig wahre anzusehen und übersehen dabei, daß andere auch auf andere Weise ans Ziel kommen.

Müllberge in der Wissens-Ecke

„Wir wußten aufgrund einer astrologischen Beratung, daß unsere Partnerkonstellation äußerst schwierig zu bewältigen sein würde. Früh kamen die Kinder; wir hatten kaum Zeit uns zu besinnen. Immer wieder gab es neue Probleme zu bewältigen. Erst als die Kinder etwas größer wurden und sich mehr Freiheiten ergaben, merkten wir, wie erstarrt unser Leben war. Wir waren weitestgehend abgekapselt von früheren Bezugspersonen, vereinnahmt von unserer kleinen Welt und gefangen in verbaler Erstarrung.

Ein Feng-Shui-Buch ließ mich eines Tages aufhorchen. Es beschrieb diverse Bagua-Zonen, was ich sogleich auf unsere Wohnung übertrug. Und dann fiel es mir wie Schuppen von den Augen: Ohne uns des Umstandes bewußt zu sein, fand sich in der Berg-Ecke unsere Müllsammlung mit dem Sack für den ‚Gelben-Punkt' und Altpapier. So ganz geschickt hinter eine Schrankecke versteckt, fand sich somit die wohl unappetitlichste Stelle der Wohnung. Hier schmiß man alles achtlos hin, was man loswerden wollte, egal ob ausgelesene Zeitungen, nicht interessierendes Werbematerial, verschmutzte Joghurtbecher, Plastikmüll und anderen Abfall.

Nun kann man zwar zu Recht einwenden, daß der Müll ja schließlich irgendwo hin müsse. Daß sich jedoch – fast wie magisch gesteuert – noch in mehreren anderen Zimmern in der Wissens- oder Berg-Ecke besonders unaufgeräumte Stellen vorfanden, war für mich längst kein Zufall mehr."

Sarah Bartlett meint, für viele würde Kommunikation gleichbedeutend sein mit Leiden und Schmerz. Denken wir nur einmal daran, daß verbale Schläge einen viel größeren seelischen Schaden anrichten können als reale Schläge. Eine Patientin von mir hätte sich beispielsweise als Kind lieber hin und wieder eine Tracht Prügel gewünscht als Aussagen der Mutter wie: „Du bist nichts und Du kannst nichts. Wenn Du doch nur ein bißchen von Deiner Schwester hättest. Womit habe ich so etwas wie Dich nur verdient?" Worte wie Dolchstiche. Worte, die ein lebenslanges Trauma zementierten.

Kommunikation ist im Grunde genommen die wichtigste menschliche Fähigkeit. Bringen Sie aus diesem Grunde unbedingt mehr Harmonie und Lebendigkeit in den Berg-Bereich Ihrer Wohnung. Die Zone vorn in der linken Ecke Ihrer Wohnung ist es, die sie diesbezüglich untersuchen und gegebenenfalls energetisch „aufpolieren" sollten.

Härte braucht gar nicht mit Härte beantwortet zu werden, eher mit Liebe, Rücksicht und Verständnis; entsprechend dem taoistischen Prinzip, daß Weichheit am ehesten in der Lage ist, Starre und Härte zu beseitigen, ähnlich wie in der Natur, wo das eigentlich so weiche Wasser mit der nötigen Ausdauer die Kraft hat, auch härtesten Felsen aufzulösen.

Raumreinigung aus spiritueller Sicht

An vielen Stellen habe ich auf den hohen Stellenwert von Ordnung und Sauberkeit hingewiesen. Damit war und ist nicht ein zwanghaftes Putzen gemeint, welches einem Selbstzweck dient, sondern ein ganz bewußtes Reinigen, wie man dies aus Überlieferungen kennt. Denn ursprünglich war dem Thema „Reinigung" eine ganz andere Funktion zugeordnet gewesen. Etwas sauber gemacht wurde von unseren Vorfahren mit einer gänzlich anderen Intention und mit einer geistigen Haltung, die uns heute weitestgehend verloren gegangen ist.

Legte man früher Tischdecken, Bettwäsche oder Teppiche in den Schnee, so ging es zwar vordergründig um Säuberung, aber auch darum, die dunklen Geister mit Hilfe des weißen Schnees zu vertreiben. Klopfte man vor der Erfindung von Staubsaugern die Teppiche im Freien aus, so ging es darum, neben dem Sand und Staub auch verfestigte energetische

Partikel an die Natur zurückzugeben. Das Putzen der Fenster geschah ebenfalls weniger aus Eitelkeit, sondern aus der Motivation heraus, unverschmutztes, strahlendes Licht durch die „Augen" seines Hauses ins Innere der Wohnung gelangen zu lassen. Und beim sogenannten „Frühjahrsputz" ging es neben Säubern, Putzen und Wischen auch um die geistige Reinigung, um die innerliche Vorbereitung auf das Einsetzen des neuen Wachstumszyklus'. So wie die Natur durch das Aufbrechen der Erde, durch mehr Helligkeit und Wärme die ersten Knospen hervorlockt, sollte auch das, was sich im Inneren der Wohnung entwickeln würde, auf „sauberen Boden" fallen.

Wichtig ist, daß die häusliche Umgebung zum Wohlbefinden und zur Gesundheit seiner Bewohner beiträgt. Allerdings kann die Wohnatmosphäre durch vielfältige Einflüsse beeinträchtigt werden, z.B. durch negative Ereignisse, durch Bewohner, die Aggression verbreiten, durch Krankheiten, Todesfälle, Einbrüche, durch Fotos, die an schlechte Zeiten erinnern, durch verwelkte oder abgestorbene Blumen und Pflanzen, aber auch durch mißgesonnene oder neidische Nachbarn.

Durch das Reinigen der Räume verändern wir nicht nur den optischen Eindruck, sondern wir entfernen auch überflüssige und überlebte Gedanken und sorgen für geistige Klarheit.

Das vorrangige Medium bei der Reinigung von Räumen ist Wasser, da es am besten in der Lage ist, Staub, aber auch unsichtbare Kräfte zu binden. Es kommt aus der Erde und es fließt zurück in die Erde, wobei es den aufgenommenen Schmutz und feinstoffliche Kräfte mitnimmt. Wasser spielt deshalb beim Aufwischen, Abwaschen und Staubwischen eine Rolle, kann aber auch genutzt werden für Aromalampen, um Düfte zu verbreiten. Etwas unbekannter ist der Einsatz von Wasser als Staubfilter in neuen Staubsaugertypen. Dabei wird auch der feinste Staub absorbiert, der in herkömmlichen Staubsaugern mit Staubbeuteln ständig entweicht und gerade für Allergiker ein großes Problem darstellt.

Übung: Geistiges Raumklären

Stellen Sie sich in die Mitte des Raumes, den Sie positiv beeinflussen wollen. Nun stellen Sie sich vor, um Sie herum würde ein kräftiger Wirbelwind aus weißem Licht entstehen, der sich in immer größeren Spiralen im Uhrzeigersinn weiterbewegt, bis er schließlich das Raum-Ch'i selbst in den entlegendsten Ecken erfaßt hat. Zwingen Sie mit Hilfe Ihrer Konzentrationskraft selbst ruhende oder in Ecken gefangene Energie dazu, wieder lebendig zu werden. Mit Hilfe des weißen Gedankenwirbels reinigen und energetisieren Sie die Atmosphäre des Raumes, zwingen sogenannte „dumpfe" Energie dazu, in schwingende transformiert zu werden.

In der Regel reichen drei bis fünf Minuten aus, um einen Raum auf diese Weise energetisch-mental zu reinigen. Aber hören Sie nicht einfach genau nach Ablauf der fünf Minuten auf, nur weil die Zeit um ist, sondern erst dann, wenn Sie das Gefühl haben, mit Hilfe Ihrer Geistes-Kraft auch tatsächlich den gesamten Raum gesäubert zu haben, etwas bewirkt zu haben.

Sollte mehr das Reinigen der Räume von geistigen Wesenheiten im Vordergrund stehen, so bietet sich das Entzünden von Räucherwerk (Salbei, Süßgras, Weihrauch) oder Duftkerzen (Sandelholz, Lavendel) an. Danach sollten Sie laut zu den unsichtbaren Wesen sprechen und ihnen mitteilen, daß sie doch bitte diese Örtlichkeiten verlassen mögen, da man die Räume jetzt für die eigenen Zwecke benötigen würde. Anschließend ist es ratsam, die Fenster demonstrativ zu öffnen und auf die Räume eine Weile positive Gedanken zu schicken, um den Wesen das Entschwinden zu erleichtern.

Selbst wenn Sie meinen, Sie verfügen über energetisch völlig unbelastete Räumlichkeiten, oder wenn Sie in ein neues und gänzlich nach baubiologischen Kriterien gebautes Haus eingezogen sind, wissen Sie nie, was sich in früheren Zeiten an diesem Ort ereignet hat. Beispielsweise könnte es sich um ein altes

Gräberfeld handeln, das zwar heute nicht mehr zu erkennen ist, dessen Energien aber dennoch in Form unsichtbarer Informationen an den Ort gebunden sind. Große Teile der Erdoberfläche sind seit ewigen Zeiten von Wesenheiten besetzt. So gesehen ist es sinnvoll, dieses Wissen in sein Handeln und Wirken mit einzubeziehen.

Loslassen lernen mit Hilfe von Feng Shui

Das Buch beschließen möchte ich mit einem Beispiel, das dem bisher Gesagten konträr entgegenzustehen scheint. Natürlich kann Feng Shui helfen, den richtigen Partner fürs Leben zu finden und einige andere Lebensziele zu erreichen. Aber auch Folgendes ist schließlich möglich:

Feng-Shui-Magie

Eine sehr liebenswerte, einfühlsame Frau fragte mich ganz verzweifelt, was sie tun könne. Sie leide seit zwei Jahren unter Rheuma und habe in den letzten Monaten fast 30 kg abgenommen. Diverse Ärzte konnten genauso wenig helfen wie Kartenleger oder eine Heilpraktikerin.

Im Gespräch mit ihr wurde recht rasch deutlich, daß es sich um eine Lebenskrise handelt. Die Betroffene hatte erkannt, daß sie aus ihrem Leben mehr machen wollte als bisher. Ihr Mann klammerte sich jedoch an allem Alten fest und unternahm, was er konnte, um die Spielräume seiner Frau zum Teil radikal einzuengen. Zitat: „Seit über 20 Jahren lebe ich mit meinem Mann zusammen. Dieser tut nach außen, in seinem Beruf als Polizist, sehr selbstbewußt, innerhalb unserer Beziehung wird er jedoch zum kleinen Kind, das krampfhaft an mir festhält und jede Neuentwicklung ablehnt." Sie sei inzwischen durch die Ehe krank und völlig kraftlos geworden und habe eigentlich schon gar keine Hoffnung mehr auf Besserung.

Nachdem etliche Beratungsgespräche stattgefunden hatten, fand Sie Kraft genug, um zu erkennen, daß eine Trennung in diesem Falle wirklich unumgänglich für sie sein würde. Nur wie? Ihr Mann hatte ihr sogar angedroht, sie und sich selbst zu töten, wenn sie gehen würde. Aus diesem Grunde diskutierten wir die Möglichkeiten von (wie ich es nannte) „Feng-Shui-Magie" auf der Grundlage des Bagua.

Feng Shui gibt die Kraft, den richtigen Weg zu finden und ihn bis zum Ende zu beschreiten.

Mit neuem Elan fuhr die Betroffene nach Hause und begann innerhalb der Wohnung einiges umzugestalten. Insbesondere fand sie die Idee gut, in der Beziehungsecke ein Foto aufzustellen, das Sie selbst und ihren Mann zeigte, mit den Rücken zueinander. Dies sollte symbolisieren: „Unsere Wege werden sich trennen! Ich entwickle genügend innere Stärke, um endlich meinen eigenen Weg zu gehen". Zusätzlich zündete sie regelmäßig Räucherstäbchen an; einerseits, um ihrem Ziel noch mehr Kraft zu verleihen, andererseits, um ihrem Mann die Botschaft zu vermitteln „Faß' mich nicht an!", denn dieser haßte den Geruch der Stäbchen laut ihrer Aussage „wie die Pest."

In einem späteren Gespräch wurde deutlich, wie es zu dieser Problemkonstellation kommen konnte. Ein Blick auf den Zyklus der Elemente verdeutlichte das Dilemma: Ohne davon etwas zu wissen, gehörte die Frau dem Element Wasser an, während ihr Mann in seiner explosiven Art ein typischer Feuer-Mensch war. Durch das Bestreben sich zu trennen, bewirkte sie bei ihrem Mann die Gefahr, sein Feuer völlig zu löschen. In seiner Verzweiflung drohte er, beide zu erschießen (Element Metall). Eine Beerdigung im Sarg (Element Holz), tief im Element Erde, hätte dann dieser Partnerschaft ein Ende bereitet.

Zum Glück kam durch die angewendete Feng-Shui-Magie alles anders. Man trennte sich nach gar nicht so langer Zeit beinahe gütlich und hatte die Spielräume gefunden, aus seinem Leben noch etwas zu machen.

Nun soll hier nicht der Eindruck erweckt werden, Feng Shui würde Beziehungen zerstören, aber manchmal kann es auch Sinn machen, etwas Zerstörerisches, Unheilvolles zu beenden und sich aus krankmachenden Verstrickungen zu befreien, insbesondere dann, wenn man alle Möglichkeiten ausgeschöpft hat, die Situation zu bessern.

Ich möchte Sie dazu auffordern, bei Krisen nicht sofort an Trennung zu denken, sondern konstruktiv zu handeln. Trennung sollte wirklich die allerletzte Maßnahme sein, wenn alles andere nicht fruchtet. Sie haben es in der Hand, Ihre Beziehung zu gestalten – partnerschaftlich.

Begeben Sie sich nun ans Werk. Beginnen Sie, Ihre Zukunft so zu gestalten, wie Sie sich diese erträumen. Es wird sich bestimmt für Sie lohnen.

Und dennoch zum Schluß eine gutgemeinte Warnung. Vergessen Sie auf dem Weg der eigenen Weiterentwicklung nie, dass zu allem auch Geduld und Ausdauer gehören. Zwei Tugenden, die Ihnen helfen können, durchzuhalten, auch wenn Ihnen manchmal alles zu lange erscheinen mag. Das frühzeitige Aufgeben ist in unserer heutigen schnell lebigen Gesellschaft unser größter Feind. In diesem Sinne: *„Gut Ding' will Weile haben."*

Nachbetrachtung

Sie haben bei der Lektüre dieses Buches hoffentlich erfahren, daß Feng Shui für uns Europäer gar nicht so fremdartig ist und daß es phantastische Möglichkeiten und Chancen eröffnet, um Ihrem Leben eine neue Richtung zu geben – eine Richtung, die aus dem Inneren Ihres Herzens kommt. Ich selbst durfte aus der Beschäftigung mit Feng Shui eine ganze Menge lernen, und es würde mich freuen, wenn es Ihnen ähnlich erginge.

Wenn Sie noch tiefer in die Feng-Shui-Lehre einsteigen möchten, so können Sie sich auch direkt an mich wenden. In meiner Praxis (Stadtnähe zu Hannover, Hamburg und Berlin) werden regelmäßig Einführungsseminare angeboten sowie auch ergänzende Kurse zu den Themen: „Die Heilung kranker Räume", „Reiki – mehr Energie tanken" und „Wohnen und Gesundheit". Die Veranstaltungen finden auf einem Naturgrundstück mit Teich, Kraftorten, Wasserlauf und einem altem Waldbestand statt, geeignet für individuelle Beratung, Besinnlichkeit oder auch ganz einfach für einen Urlaub, um neue Kraft zu schöpfen.

Praxis für gesundes Bauen, Wohnen und Feng Shui
Leitung: Eckart Warnecke
Halligdorf, 29525 Uelzen
Telefon: 0581-3896378
(Fax/AB: 0581-77994)

Literaturempfehlungen

Anand, Margo: Tantra oder die Kunst der sexuellen Extase. München 1990

Bartlett, Sarah: Feng Shui der Liebe. München 1997

Bhagwan: Beziehungsdrama oder Liebesabenteuer. Meinhard 1983

Caldwell, Robert: „Warum klappt es nicht?" In: Eltern for Family 1/99, S. 42 f.

Fröhling/Martin: Feng Shui für Beruf und Karriere. München 1998

Fröhling/Martin: Wohnen mit Feng Shui. München 1997

Hoffmann, Eva: Energiepflanzen im Haus. München 1997

Jaeggi/Hollstein: Wenn Ehen älter werden. München 1985

Kobbe, Hanspeter: So schützen Sie sich vor Elektrosmog. Freiburg 1998

Pantazoglou, Wasili: Kurzer Fengshui-Ratgeber. In: Dao 1/97

Rossbach/Lin Yun: Feng Shui, Farbe und Raumgestaltung. München 1996

Steinbrecher, Sigrid: Funkstille in der Liebe. Stuttgart 1990

Warnecke, Eckart: Praxisbuch des Magischen Wohnens. München 1998

Warnecke, Eckart: Reiki – Der zweite Grad. München 1996

Kislinger/Hofmann: Feng Shui im Garten, München

Yes Lim: Feng Shui & Gesundheit. Sulzberg 1997

Verzeichnis der Übungen

Verzeichnis der Tabellen

Wichtiger Hinweis

Dieses Buch für Einsteiger präsentiert eine sehr stark vereinfachte Form des Feng Shui, die für unseren Lebensraum leichter nachvollziehbar ist als die sehr komplexe chinesische Feng-Shui-Lehre. Die im Buch gezeigten Vorschläge erheben keinen Anspruch auf Vollständigkeit; dies ist auch im Rahmen eines kleinen Ratgebers nicht möglich. Sie sollen nur beispielhaft Anregungen geben. Die Wirksamkeit der Maßnahmen, die stark von individuellen Wünschen und Umständen abhängen, kann weder vom Autor noch vom Verlag garantiert werden.

Bildnachweis

Archiv für Kunst und Geschichte 107
Axel Springer Verlag/Mundt 55
Bavaria 4 unten, 10, 79, 105
Halina Heitz 2 oben, 21, 92
IFA-Bilderteam/Aberham 12 / Forkel 16 / Thouvenin 102 / Time Space 70
Mosaik Verlag/Böttcher 99
Picture Press/Heye 80 / Nörenberg 24 / Wartenberg 4 oben, 6 / Willig 42
Reinhard-Tierfoto 5 unten, 122
Tony Stone Bilderwelten/Ayres 111 / Darell 5 Mitte, 94 / Dreyer 4 Mitte, 31 / Monneret 46 / Rieger 57
E. Warnecke 23

Illustrationen: Ushie Farkas-Dorner

in der Verlagsgruppe Bertelsmann GmbH / 5 4 3 2
Redaktionsleitung: Halina Heitz
Redaktion: Hanna Forster
Bildredaktion: Helga August
Layout und DTP: Peter Pleischl
Umschlaggestaltung: Design Team München
Reproduktionen: Arthilitho, Trento
Druck: Alcione, Trento
Printed in Italy

ISBN 3-576-11317-7